U0820359

RESEARCH ON THE INFLUENCE MECHANISM OF INTERNATIONALIZATION KNOWLEDGE AND MARKET **LEARNING CAPABILITY ON THE MARKET ADAPTABILITY**

国际化知识与市场学习能力对市场适应性的影响机制研究

——基于新兴国际化企业的实证分析

—— Empirical Study on the Emerging International Enterprises

冯永春◎著

中国经济出版社
CHINA ECONOMIC PUBLISHING HOUSE
北京

图书在版编目（CIP）数据

国际化知识与市场学习能力对市场适应性的影响机制研究／冯永春著．
北京：中国经济出版社，2018.6
ISBN 978－7－5136－5164－6

Ⅰ.①国… Ⅱ.①冯… Ⅲ.①国际化—企业管理—研究—中国 Ⅳ.①F279.23

中国版本图书馆 CIP 数据核字（2018）第 075379 号

责任编辑　张梦初
责任印制　马小宾
封面设计　华子设计

出版发行　中国经济出版社
印 刷 者　北京九州迅驰传媒文化有限公司
经 销 者　各地新华书店
开　　本　710mm×1000mm　1/16
印　　张　16.25
字　　数　233 千字
版　　次　2018 年 6 月第 1 版
印　　次　2018 年 6 月第 1 次
定　　价　58.00 元
广告经营许可证　京西工商广字第 8179 号

中国经济出版社 **网址** www.economyph.com **社址** 北京市西城区百万庄北街 3 号 **邮编** 100037
本版图书如存在印装质量问题，请与本社发行中心联系调换（联系电话：010－68330607）

版权所有　盗版必究（举报电话：010－68355416　010－68319282）
国家版权局反盗版举报中心（举报电话：12390）　　服务热线：010－88386794

教育部人文社科基金青年项目“中国跨国公司海外子公司的逆向知识转移研究：模式、影响因素与机制”（项目编号：17YJC630025）阶段性研究成果

丛书序言

从“黑天鹅”频发到“灰犀牛”来袭，当今全球经济和政治格局正在发生深刻变化，人类社会正处在大变革和大创新的关键时期。国际经济环境的复杂性和动荡性日益加剧，全球化已经处在一个关键的时间节点上。新一轮科技和产业革命方兴未艾，国际分工体系加速演变，全球价值链深度重塑，新兴市场和新兴中产阶级迅速崛起，全球性贸易保护主义升级，海外投资环境日趋严峻，消费者心理及行为特征发生重大变化。面对各种机遇和挑战并存，全球需要新共识，中国需要新智慧，企业的国际化之路需要新战略和新方案。

习近平总书记提出的“一带一路”倡议带来了新的增长模式和理念，突出了互利共赢、包容、公平与全球普惠，给全球带来名副其实的“中国智慧”和“中国方案”。应对逆全球化思潮和世界经济形势的挑战，“一带一路”倡议不仅为沿途各国的经济发展创造了更为广阔的空间，也给中国企业国际化发展创造了千载难逢的历史机遇。十八大以来，随着我国“创新驱动发展”和“一带一路”倡议的不断深入实施，越来越多的中国企业在中国智慧的指引下发挥中国企业的能动性，不断提升企业国际市场竞争力，为世界经济持续发展注入新的动力，以实际行动重塑全球化。

联合国贸易与发展会议（UNCTAD）2017 年最新的世界投资报告显示，2016 年中国的对外投资飙升 44%，达到 1830 亿美元，首次成为全球第二大投资国。2017年进入世界500强的中国企业已达到115家，成为全球市场的有力争夺者。与此同时，来自发展中国家和新兴市场的对外直接投资占全球对外直接投资的比重也已超过40%，越来越多的来自发展中国家和新兴市场的跨国公司已经在本土及全球市场上与传统跨国巨头全面展开竞争。传统的企业国际化理论和方法聚焦于传统的跨国公司，不能完全满足解释新兴国际化企业的需要，研究者提出应该开发新的理论和方法，新兴国家及新兴国际化企业已经成为一个重要的研究情境（Gu，Hung and Tse，2008；Hoskisson et. al.，2000；Dunlap，et al.，2016；Raghunath and Rose，2017）。对传统跨国公司和新兴的国际化企业来说，应该在国际化战略、创新管理、营销策略等方面重新思考现有的理论和实践。理论研究应该深入探寻以中国企业为代表的新兴国际化企业带来的实践启示。

新兴国际化企业要适应当前动荡、无常、复杂、模糊（VUCA）的不确定国际市场环境，必须增强企业自身的动态能力，才能不断地跟随外界环境的变化，达成自身的演化与发展。企业一方面需充分利用现有资源，实施战略调整以提升适应性；另一方面则需要不断突破，发展新的能力和竞争优势。管理学大师马奇（March，1991）将这两类学习机制或战略选择定义为开发（Exploitation）与探索（Exploration），认为这两类活动是企业获取和维持竞争优势的关键因素，在组织学习、战略管理、创新等研究领域受到广泛关注。实现“二者兼具”的双元均衡（Ambidexterity）被认为是新兴市场上的国际化企业最适合的战略选择之一。中国从来不缺乏应对矛盾的智慧，传统哲学强调“和谐”“平衡”“阴阳转化”的理念，其背后的悖论思维和解决思维与双元性理论强调兼顾和平衡的观点不谋而合。“一带一路”倡议体现了中国传统哲学中“求同”和“存异”的辩证思维。“和而不同”“因地制宜”也体现在中国企业的国际市场竞争实践中。因此越来越多的研究者将目光投向中国传统的管理哲学，开始探讨使用阴阳等思维、中庸等东方管理理论来指导企业实践，并尝试提高传统管理理论的科学性和普适性，以更好地实现与西方管理学者的对接（Tan and Meyer，2011；Luo and Bu，2017）。近年来有研究者指出营销领域也需要借鉴这一理论视角，用来解释如何通过探索与开发以提升企业市场竞争优势的问题，因此将营销探索与开发引入企业国际化及国际市场营销研究具有重要的理论及实践意义。

创新与国际化是未来中国企业发展的必经之路，是当前中国企业思想最活跃和思想丰富的领域，也是理论研究急需关注和深入探讨的领域。本系列研究关注“国际化”和“创新”两个主题，在整合资源基础观（RBV）、动态能力（DC）、知识观（CK）、“结构—行为—绩效”（SCP）等理论及整合框架的基础上，结合国际市场的动态特征和企业国际化存在的现实问题，引入营销探索与营销开发、营销双元性、国际化知识、知识搜寻、国际市场适应性的概念，针对企业如何通过能力和战略提高国际市场适应性和企业绩效的问题，构建全面的理论研究框架，对当前中国企业应对国际化挑战、提升国际竞争力提供了重要的理论借鉴。

我和指导的博士生研究团队共同对营销双元性、探索与开发、国际营销动态能力、国际市场适应性等相关问题进行了系列探讨，并取得了一系列卓有成效的研究成果。研究过程中，我们参考并借鉴了国内外相关领域学者的大量研究成果，尤其是得到在国际商务与国际营销研究领域享有盛誉的邹绍明教授（The University of Missouri - Columbia，Robert J. Trulaske，Sr. College of Business）的大力支持与帮助，邹教授在全球营销等方面的突出成就为我们的研究奠定了坚实的理论基础。丛书是在我和邹绍明教授共同申请的国家自然科学基金项目“企业营销探索与开发战略及其对国际市场适应性的影响研究：基于能力—战略匹配视角（项目编号：71472097）”的基础上完成的阶段性研究成果。邹教授作为丛书的总顾问，对课题的研究及丛书的写作给予了很多有价值的建议，并亲自为丛书撰写英文序言。在此代表我个人及研究团队的成员向邹教授表示由衷的感谢！

许　晖
南开大学商学院
教授、博士生导师
美国富布赖特高级研究及驻学访问学者
2017 年 12 月 26 日

Introduction

When expanding into the global market, the emerging markets firms can't avoid fast changing global market conditions due to intensified competition, rapid technological advancement, and shifting international political and economic landscapes. They have to compete with not only traditional international firms from developed countries but also unorthodox competitors from emerging markets with aggressive and nontraditional strategies. To survive and prosper in the uncertain and fast changing global markets, international firms from emerging markets must rapidly develop a strong adaptability in various international markets. A firm's adaptability in international markets is an ability to quickly adjust its products, marketing strategies, and organization to fit the changing demand and market conditions of foreign markets.

Unfortunately, research on how emerging market firms develop adaptability in international markets has been scarce. Little knowledge is available as to how international market adaptability is developed and how it can be sustained in the uncertain and fast changing global market. It is against this background that the current research series on emerging market firms' marketing exploration, exploitation, and ambidexterity initiated and supervised by Professor XU Hui and completed by her doctoral students represents an extremely timely and critical contribution to the international business knowledge and literature. The four volumes in this book series are designed to tackle different issues involved in understanding and fostering the development of international market adaptability by emerging market firms. Collectively, they present an insightful and comprehensive perspective of how emerging market firms develop their international market adaptability through marketing exploration, exploitation, and ambidexterity. Indeed, this series forms a solid foundation upon which future research can be conducted and practical application can be made.

Volume 1 in this series, which is skillfully completed by Dr. XU Shouren, deals with the importance of duality of marketing exploration and marketing exploitation in emerging market firms' creation of international market adaptability and attainment of superior performance. Specifically, Dr. Xu carefully examined the conceptual domains and underlying dimensions of marketing exploration, which involves gaining new knowledge and introducing innovations in international markets, and marketing exploitation, which focuses on using existing knowledge and competitive advantages to grow in international markets. Combining case research method and cross-sectional survey, Dr. Xu has found that both marketing exploration and marketing exploitation have positive effects on emerging market firms' adaptability and performance in international markets, and more importantly that firms seeking ambidexterity by balancing marketing exploration and marketing exploitation tend to have the best performance. Dr. Xu's research findings are very significant because, while past research has made an attempt to examine the effects of marketing exploration and marketing exploitation, most have treated the two strategies as mutually exclusive. Dr. Xu's research has presented a new perspective that marketing exploration and exploitation can and should be pursued simultaneously and in a balanced way.

Volume 2, diligentlydone by Dr. WANG Ruizhi, examines how marketing exploration and marketing exploitation serve as the underlying mechanisms for emerging market firms to develop their international market adaptability. In fact, Dr. Wang's research has made a couple of significant contributions to the international business literature. First, using a grounded theory approach, Dr. Wang has delineated the specific dimensions of marketing exploration and marketing exploitation. This has improved our understanding of the two popular concepts from a marketing perspective. Second, drawing from the "capability-strategy-performance" framework in the existing literature, Dr. Wang has developed a "marketing capability-marketing exploration and exploitation-international market adaptability" framework to link marketing exploration and marketing exploitation to emerging market firms' international market adaptability. This framework has enhanced our understanding of what drives an emerging market firm's marketing exploration and exploitation. Overall, the framework developed and tested in Dr. Wang's research is likely to spur future research on the boundary conditions under which the two mechanisms of marketing exploration and exploitation will be especially useful in developing emerging market firms' adaptability and performance in international markets.

Volume 3, finely crafted by Dr. FENG Yongchun, investigates how emerging market firms' internationalization knowledge affects their international market adaptability. Dr. Feng argued that internationalization knowledge is a strategic asset that needs to be acquired and accumulated continuously. Yet, the existing literature is void of studies that focus on the mechanisms through which a firm's internationalization knowledge can be converted into competitive advantages. Building on a mix of qualitative and quantitative research, Dr. Feng has found that emerging market firms have different needs for internationalization knowledge at different stages of internationalization and that various sources need to be tapped to obtain relevant internationalization knowledge. Moreover, Dr. Feng has found that a firm's learning capacity is key to converting internationalization knowledge into international market adaptability and that its knowledge integration capability moderates the effect of internationalization knowledge on its learning capacity. Dr. Feng has also discovered that market dynamism moderates the effect of emerging market firm's learning capacity on its international market adaptability. These findings offer valuable insight the role of internationalization knowledge in fostering emerging market firms' international market adaptability.

Volume 4, eloquently developed and contributed by Dr. FAN Yanan, is focused on emerging market firms' innovation performance in international markets as a key dimension of their adaptability in international markets. Specifically, Dr. Fan examined how knowledge search, both exploration and exploitation and ambidexterity, mediates the effects of emerging market firm's interfirm network on their innovation performance in international markets. While much has been said about the importance of interfirm network to a firm's international market performance, little is known in the international business literature about the mechanism by which interfirm network influence performance. Dr. Fan theorized that knowledge search through exploration and exploitation is an important intermediate mechanism through which interfirm network affects emerging market firms' innovation performance in international markets. Based on both qualitative and quantitative studies on Chinese internationalizing firms, Dr. Fan has found strong empirical support for her proposed theoretical framework. She also found that emerging market firms' absorptive capacity and the volatility of market conditions positively moderate the effect of knowledge search on innovation performance. Dr. Fan's research has significantly advanced the international business literature by identifying and supporting knowledge search as a key mediating mechanism by which interfirm network influence emerging market firms' innovation performance.

The four volumes in this research book series have combined to offer a fresh comprehensive perspective of how emerging market firms develop their adaptability and improve their performance in international markets. Given the fact that Chinese firms have been expanding aggressively in international markets and that these research projects were completed on Chinese international firms, the findings of these research projects offer a unique window into understanding how Chinese internationalizing firms are able to enhance their adaptability and achieve impressive performance in international markets. Since international firms from different emerging markets face similar challenges when they embark on the path to internationalization, there seems be a great potential that the findings reported in this book series can be generalized to other major emerging markets such as Brazil, India, Russia, and Turkey, and that this research series could conceivably help all emerging market firms to develop their adaptability and improve their performance in international markets. The book series should also form a solid theoretical and empirical foundation for future research to further advance the knowledge of how emerging market firms can be successful global competitors.

Overall, the four volumes in this research series are interrelated and complementary. The evidence presented is solid and rigorous; and the authors' presentations are refreshing and insightful. I believe this research series offers major insight to researchers and practitioners on internationalization of emerging market firms.

Shaoming Zou

Robert J. Trulaske, Sr. Professor and Professor of Marketing and International Business,

University of Missouri – Columbia

Guest Professor, Nankai Business School

Distinguished Overseas Professor, Central University of Finance and Economics

Series Editor: *Advances in International Marketing*

前言

随着国际化进程的不断深入，新兴国际化企业所要面临的市场环境变得日趋复杂动荡，导致企业以往所依赖的路径遭到破坏，静态的竞争优势难以维持，故“如何提高国际企业的市场适应性”逐渐成为企业管理者和学者共同关注的热点问题。而要适应市场环境的变动，企业必须成为有生命的机体，随着环境的变化而不断“进化”，以提高自身的能力。这要求企业既要充分利用现有资源与能力，又要不断突破开发新的资源与能力。由于国际化知识是新兴国际化企业，开展国际经营的重要战略性资源，故企业需要不断收集并积累国际化知识资源。然而，国际化知识并不能直接转化为企业的市场绩效与竞争优势，新兴国际化企业还需要通过自身能力将国际化知识资源转化为企业具体的能力，以便更为适应国际市场环境。新兴国际化企业应采用更具动态性的视角，不断地重构与更新自身的竞争优势以提高市场适应性。

然而，现有文献对国际化知识的分类不够清晰，对新兴国际化企业“为何需要、从何处获得、如何获取和如何使用”国际化知识的研究还不够系统深入，尚未有效地分析国际化知识对新兴国际化企业市场适应性的影响机制。因此，本书将借鉴国际营销与国际化进程研究，探讨新兴国际化企业国际化知识对其市场适应性的问题。本书采用定性与定量相结合的混合研究方法，对本书所提出的问题展开探讨。本书的结论主要包括（1）在国际化发展历程中，新兴国际化企业对不同类别的国际知识有不同的需求，新兴国际化企业往往会需要综合运用多种手段、从多个知识信息源获取不同类别的国际化知识，新兴国际化企业还需要考虑自身的学习吸收、整合利用、知识转移等方面的能力，以便提高国际化知识的使用效率和效果；（2）新兴国际化企业的国际化知识对其市场学习能力具有正向显著的影响，市场学习能力又对其市场适应性呈正向显著的影响，市场学习能力在国际化知识与其市场适应性间起中介作用；（3）对处于不同国际化阶段的新兴国际化企业而言，知识整合能力在其国际化知识与市场学习能力间的调节作用差异较大，市场动荡性在其市场学习能力与市场适应性间的调节作用差异较大。

目录

图表目录

第一章　绪论

随着全球国际化竞争的不断发展，新兴市场国家的企业也开始不断在国际市场中崭露头角，许多优秀企业已经不满足于“走出去”，而是努力争取“走进去”“走上去”，并开始迈向深度国际化发展阶段。随着新兴市场企业国际化程度的不断深入，其对国际化知识的需求也不断变化，从起初需要进入国际市场知识，逐步演变为需要开展本土化经营的国际化知识，最后可能演变为需要国际企业管理相关的国际化知识。尽管在企业的国际化过程中，获取国际化的相关知识是其获得竞争优势，获取生存发展的重要资源，但现有国际化营销文献中，研究者对新兴市场企业如何在国际市场中获取，从何处获取，何时使用，如何使用国际化知识的研究依然处于探索阶段（Johanson 和 Vahlne，2009）；同时，研究中对国际化知识的完整理解及分类依然较为混乱（Fletcher、Harris 和 Richey Jr，2013）。由于知识和学习是国际化企业必备的资源和能力（Sandberg，2014；Åkerman，2015），故新兴市场国际化企业需要不断地学习，获取国际化知识，以便在国际市场中不断拓展自身业务，加快国际化进程，获取生存与发展。本章将首先讲述本研究的现实背景和理论背景；其次，从背景中引出本文的研究问题及框架，阐述研究目标及拟解决的关键问题，并规划好本文的研究内容，以及采用的方法；最后，本章将阐述本研究的理论意义和实践意义，并提出研究的创新点。

第一节　研究背景

随着经济全球化的不断发展，新兴市场国家的对外投资的角色逐渐转变，从原来的资本吸收国，逐渐变成资本净输出国。以我国国际化企业为例，尽管我国企业在海外市场获得了较大的发展机遇，但投资发展也面临严峻的挑战；伴随着我国企业国际化程度的深入，中国企业需要在海外市场中进行不断地学习，以便应对国际市场中的挑战，捕获国际市场为我国企业发展所带来的机遇。由于国际化知识是企业获取国际竞争优势，提高营销能力和适应性的重要资源，能够帮助企业更好地适应国际市场竞争（Vorhies 等，2011；Naldi 和 Davidsson，2014），故新兴国际化企业需不断学习，以获取国际化知识，并将知识资源转化为能力和竞争优势。

一、现实背景

（一）投资角色的转变

2016 年中国对外直接投资额达 1961.5 亿美元，同比增长 34.7%，在全球占比达 13.5%，蝉联全球第二位；中国对外直接投资累计净额（存量）达 13573.9 亿美元，在全球占比提升至 5.2%，位居第六位；中国实际使用外资金额 8132.2 亿元（约合 1281.8 亿美元），同比增长 4.1%①。中国对外投资额和吸收外资额相差约 700 亿美元。2015 年 1 月 19 日，中

① 中国商务部:2016 年度中国对外直接投资统计公报.［EB/OL］.［2017-09-30］. http://fec.mofcom.gov.cn/article/tjsj/tjgb/201711/20171102669889.shtml.

国商务部宣布，我国对外投资快于吸收外资，已成资本净输出国，中国对外直接投资规模，迅速超过吸收外资规模，这意味着我国改革开放以来经济发展格局发生重大转变。对外投资和吸收外资的双向平衡既“实现了相互兼顾和包容性发展”，也为全球的共同发展起了“中国作用”。

2017 年，联合国贸易暨发展会议发布的报告显示，发展中经济体 FDI 流量下降尤为严重，降幅达 14%，降至 6460 亿美元，但中国对外投资热情高涨，正在改变以往由发达国家主导的海外投资格局。今后，随着中国“一带一路”战略进一步展开，以及“亚洲基础设施投资银行”（以下简称“亚投行”）将进一步加大对外投资力度，鼓励优势产业和富余产能向沿线国家转移，开工建设一批互联互通项目，扩大对沿线国家制造业、服务业等其他产业的投资。

以中国企业海外并购为例，2016 年中国企业实施完成并购项目 765 起，交易金额 1353.3 亿美元，其中直接投资 865 亿美元，占并购总额的 63.9%。青岛海尔股份有限公司以 55.8 亿美元收购美国通用电气公司家电业务项目；腾讯控股有限公司等 41 亿美元收购芬兰 Supercell 公司 84.3% 股权；天津天海物流投资管理有限公司 60.1 亿美元收购美国英迈国际公司；中国长江三峡集团 37.7 亿美元收购巴西朱比亚水电站和伊利亚水电站 30 年经营权项目；它们也成为截至 2016 年底中国企业在制造、信息传输/软件和信息技术服务、交通运输/仓储和邮政、电力生产和供应领域最大的对外投资并购项目。目前，中国企业逐渐增强了风险意识，明确了海外并购的目的，并采取精准的并购模式，寻求在海外投资和风险管理中取得平衡，并能妥善处理非经济风险因素。

（二）发展机遇与严峻挑战

随着全球经济放缓、贸易保护主义升级，海外投资环境日趋复杂动荡，并且随着大数据、“互联网 +”的发展，产业结构不断转型升级，消费者心理及行为特征发生重大改变。中国企业的国际化经营受世界多极化、经济全球化、文化多样化与社会信息化等潮流的冲击。当今世界正在发生复杂深刻的变化，国际投资贸易格局和多边投资贸易规则酝酿深刻调整，我国企业在国际市场中的生存与发展环境将变得更加严峻。

在西方发达国家市场，尽管中国企业海外并购的数量及金额逐渐增多，但竞争状况及未来绩效尤待进一步的长期观察。然而，中国企业在海外市场的拓展能力还需要进一步提高，以增强企业的市场适应性，中国企业不仅需要应对社会、法律、制度等问题冲突，尊重海外消费者的文化及消费习惯，遵守海外市场的法律法规等，还需要进一步提高自身实力，自身也需要增强专利及知识产权意识，提高维权能力等，以便维护自身的权益。西方发达国家市场环境相对稳定，中国企业通过合法经营能够获得较为稳定的收益，但一些市场消费趋于饱和，竞争难度较大。中国企业需要在这些市场中，投入较大力量和资源，才能在这些市场中站稳脚跟，并努力拓展市场份额。

在亚欧等地的新兴市场，“一带一路”战略的实施，为我国企业“走出去”创造出了难得的历史机遇。我国正努力推动实施“一带一路”战略，致力于亚欧大陆 80 多个国家间的贸易往来与合作；组建“亚投行”，致力于援助亚太地区国家的基础设施建设。“一带一路”和亚投行能够为我国企业带来良好的发展机遇。2016 年中国企业对“一带一路”沿线国家并购项目 115 起，并购金额 66. 4 亿美元，占并购总额的 4. 9%；其中，马来西亚、柬埔寨、捷克等国家吸引中国企业并购投资超过 5 亿美元。“一带一路”战略构想的提出，不仅有益于中国经济的持续发展，也契合沿线国家的共同需求，也为所有沿线国家的优势互补、开放发展创造了新的机遇。目前，我国的经济总量已居世界第二位，已经成为资本净输出国。随着资本输出量的增加，我国将需要重新调整贸易布局、投资布局，甚至生产布局。中国是制造业大国，不仅可以输出物美价廉的各种产品，还有能力对外提供更多的设备和技术支持。而“一带一路”大多沿线国家尚处在工业化初期阶段，不少国家的经济高度依赖能源、矿产等资源型行业，我国有能力向这些国家提供各种机械和交通运输设备等。这不仅会有效地实现我国产能的向外投放，也会促进国外新兴市场的快速发展。“一带一路”，为我国企业“走出去”创造了难得的机遇，中国企业应把握机遇，顺势而为，及早做出企业长远发展的战略抉择。

尽管经济全球化、社会信息化，“一带一路”，“亚投行”对亚太地区进行投资，顺应了世界多极化等潮流，也秉持开放的区域合作精神，致力于维护全球自由贸易体系和开放型世界经济，能够给我国企业“走出去”带来许多发展机遇，但需要打破原有点状、块状的区域发展模式，从海陆至空间，从纵向到横向，贯通我国东中西部和主要沿海港口城市，进而连接起亚太和欧洲两大经济圈，实现沿线国家和地区全方位、立体化、网络状的“大概念联通”。“一带一路”沿途有很多政治、经济不稳定，文化、宗教冲突严重的国家或地区。中国企业要面临政治复杂，经济不稳定，文化冲突等环境的挑战与冲击，更严峻的是这不仅会改变中国区域发展的现有格局，也会通过欧亚经济的再整合，重塑世界的政治经济版图，会招致一些大国的干预与制裁，波及中国企业的经营。虽然对国内企业来说，这是“走出去”的重要路径，但需要构建新格局，创造并保持开放态势，与其他经济体的企业共建发展，牵手联袂走互惠互利的合作共赢之路。中国国际化企业，尤其是我国的新兴的国际化企业，要想赢得“一带一路”所创造的战略发展与商业机遇，需要更努力地经营与发展，需要面临很多严峻的挑战与风险。

（三）国际化程度的深入

“走出去”是我国深化改革，构建开放型经济新体制的重要举措之一。目前，中国企业已积累了一定的国际化经验，具备了大规模国际化的条件与能力；部分中国企业在对外投资策略、操作财技、风险防范以及跨文化整合方面已积累了一定的经验。《中国企业全球化报告（2017）》认为，中国对外直接投资，跃居全球第二大对外投资国，在净资本输出的道路上开始阔步前行，在带动中国产品、技术、装备以及服务“走出去”的同时，惠及全球，成为世界经济增长的重要引擎；中国企业“走出去”过程中的六个突出问题，即“一带一路”倡议初期海外投资风险显现；“走出去”

合规性风险突出，国内外监管趋严；跨境电商初“出海”风险高；“走出去”的制造业向“高端智能化”转型难题；“走出去”中小企业融资困难；海外产业园区模式亟待完善等。中国企业经过多年的市场磨炼，已经具备了“走出去”的条件与能力。中国企业过去对外直接投资热衷能源资源的传统驱动形式正在发生转变，目前逐步形成了能源资源驱动、市场驱动、技术驱动等多种投资驱动格局，越来越多的中国企业涉足国外高科技领域投资，追求高附加值投资。同时，中国企业已不满足于“走出去”，而是逐步向“走进去，走上去”迈进。

我国企业在海外市场的经营模式也在发生深刻改变。以往中国企业主要是通过间接、直接出口，借助海外渠道商等形式进入海外市场，或者进行劳务输出等形式，并未在海外市场中建立销售服务渠道或直接投资。不仅海尔、海信、华为、联想等大型企业在海外建立服务渠道或进行直接投资，一些中小型的中国企业也开始在海外建立销售渠道或服务渠道，也有一些企业开始抱团去海外构建销售和服务网络，进而深度开拓国际市场。一些中国企业除了与国外渠道合作外，也开始进行投资入股；一些中国企业除了与海外合作伙伴达成战略联盟外，还开始全资收购合作伙伴或者独自构建。尽管中国企业在海外建立渠道、研发机构所采取的经营、管理模式有所差异，但可以看出中国新兴的国际化企业在国际化程度上已经取得了长足的进步。

（四）企业的学习与应对

“走出去”面临许多挑战与风险，中国企业开始试着应对这些挑战与风险。中国企业开始更加注重当地利益融合，积极履行社会责任。例如，中建集团在阿尔及利亚雇佣当地分包队伍近 300 支，住房领域项目本地化采购率达 85%，当地采购额近 4 亿美元，该集团承揽的巴哈马海岛度假村项目已累计授予当地承包商和供应商合同额 3.5 亿美元，占总承包额的 20%。中国中车集团在马来西亚设立了东盟制造中心和维保中心，制造、销售和服务全产业链属地化。中铝集团在秘鲁的铜矿项目开工前先投资建设污水处理厂，解决了困扰矿区居民70年的水污染问题，还斥资2亿多美元为矿区建设了系列现代化城镇设施。

目前，我国企业还需要在海外市场中不断渗入学习，以便更好地应对市场竞争与挑战。我国企业需要应对的有：一是企业经营的外部环境日益复杂，国际市场竞争日益加剧，部分国家投资保护主义抬头，境外安全形势更加严峻；二是经贸问题政治化，还有企业与当地融合过程中引发的社会问题；三是企业自身不足影响“走出去”可持续发展，企业缺乏走出去的系统规划，对当地市场环境、法律政策不够了解，公司内部管理滞后，风险防范能力不强，危机公关能力欠缺，个别企业经营行为不规范，社会责任意识淡薄，属地化经营理念和公共外交能力亟待加强。这些挑战的存在，使我国的新兴跨国公司在国际市场中营销效率和营销适应能力较差，导致营销绩效较低，严重影响了我国企业的成长与发展。通过努力学习，中国企业可以更好地了解当地市场，应对市场中的竞争与挑战，更好地服务于客户，拓展市场空间。

二、理论背景

由于新兴市场的国际企业在全球扩张中，主要是采取“跳板”行为（Luo 和 Tung，2007），主要动机是在国际市场中寻求资源和机遇，以便获取竞争优势，以便弥补竞争劣势、客户后来者劣势、应对全球竞争者、避免发达市场的严苛贸易壁垒、缓解国内体制和市场束缚、确保本国政府的优惠待遇以及在其他新兴发展中国家进一步利用其竞争优势。而新兴市场的跨国企业采取“跳板”行为的直接原因有：企业是国际市场的后来者，全球竞争者已经在其国内市场建立了稳固的地位，技术与市场前景的迅速变化，产业和产品生命周期的缩短；核心能力与战略资产的不足；间接原因有：本国政府对全球化的支持，跨国企业共享或销售战略资源的意愿，境外标准技术的易得性，打入核心或关键国际市场的愿望以及企业家精神和开阔视野。

新兴国际化企业常常具有一些较传统跨国公司所不同的特有行为：对内国际化，冒险的进入方式（收购或绿地投资），区位选择脱离原有路径，投资规模及投资热情高等。然而，新兴市场的跨国企业却面临许多特有的挑战，其企业治理水平不佳，后期融入于管理困难，缺乏丰富的国际经验、管理能力和专业技能，其产品、流程创新能力低下（Luo 和 Tung，2007），市场知识不完善（Kuang，2014）。这使许多新兴市场的跨国公司在海外市场中营销效率较低，营销适应性较差（Naldi 和 Davidsson，2014；Corredoira 和 McDermott，2014；Slangen 和 Dikova，2014）。

由于知识既是企业的一种关键资源，也是企业获取持续竞争优势的重要源泉。为了更好地开发和利用知识资源，企业需要主动地对知识资源进行管理，知识管理也一直都是学者和企业经理共同关心的热点问题。而国际企业市场知识管理是企业有针对性的获取、消化吸收并转移国际市场知识，对从内外部获取知识（Zack，1999），对显性知识及隐性知识（Hansen，Nohria 和 Tierney，1999）进行管理，并持续探索与利用（Zack，1999）国际化知识及相关市场知识（Vorhies 等，2011；Naldi 和 Davidsson，2014）。新兴跨国企业在国际市场中获取竞争优势，提高营销效率和营销适应性，也需要提高市场反应性和市场绩效，进而更好地适应国际市场竞争，已经成为众多企业的迫切需要。

如前所述，复杂而快速变化的外部环境下，国际企业如何获取国际化知识，以便维持持续的竞争优势，成了企业实践中管理者面临的重要问题。基于国际企业管理实践的需要，一些理论研究学者逐渐从理论层面对上述问题进行研究和探讨。研究者主要从知识资源、国际学习和营销绩效三个方面对国际企业如何适应国际市场竞争，获取竞争优势进行探讨。

（一）知识资源

1. 由 RBV 到 KBV

Penrose 认为企业是一个资源束，因为她认为资源（特别是人力资源）既是企业成功的关键，也是制约企业成长的首要因素，其中管理性资源很重要，是具有企业异质性的。资源基础观（Resource - Based View，RBV）的基本原理就是企业竞争优势的基础存在于企业所支配的有价值的资源之中。要将短期竞争优势转化为持续竞争优势，要求企业的这些资源在本质上是异质的，同时是不能完全自由移动的。

知识基础观（Knowledge - Based View，KBV）认为知识是企业最具有战略重要性的资源。它的支持者认为，因为基于知识的资源通常来说难以模仿，同时具有社会复杂性，所以企业中异质的知识和能力是持续竞争优势和超额企业绩效的主要决定因素。知识被嵌入在包括组织文化和认同、政策、日常活动、文件、系统和员工在内的不同实体中，并在它们之间传递。虽然 RBV 认识到了知识的重要性，却仅此而已。更确切地说，RBV 将知识看作一种不具备特性的一般性资源，但它也未能对不同类型的基于知识的能力进行区分。同时，信息技术在企业的知识基础观中充当一个重要的角色，因为信息系统可被用于整合、促进和加强企业内与企业间的大规模的知识管理。

2. 国际化知识

在企业的国际化过程中，获取国际化的相关知识起到重要的作用（Fletcher，Harris 和 Richey Jr，2013）。然而，在现有国际化营销文献中，研究这对国际化知识的完整理解及分类依然处于探索阶段（Fletcher，Harris 和 Richey Jr，2013）。在国际营销文献中，越来越多的文献都在强调以知识为基础的管理是国际化企业成功的关键（Cui，Griffith 和 Cavusgil，2005；Nguyen 和 Barrett，2006；Roth 等，2009）。研究者对国际化知识有多种定义，有研究这将其定义为：国际化知识是有关国际化一般性的经验知识（Blomstermo 等，2004，p. 358）。这种知识是国际企业进行营销运营中构建的国际化知识与经验，并且是可以在不同市场进行转移的（Madsen 和 Servais，1997），在有关国际化进程的研究中，国际化知识的价值作用已经得到广泛认可（Welch 和 Luostarinen，1988）。

实证研究结果表明国际化知识是企业进行国际化成功的重要支柱（Barkema，Bell 和 Penning，1996；Delios 和 Beamish，1999；Eriksson 等，

1997；Erikson，Majkgârd 和 Sharma，2000；Fletcher，2009；Forsgren，2002；Prashantham 和 Young，2011；Zahra，Ireland 和 Hitt，2000）。通过评估、提升有关成功所需要的资源及能力，国际化企业可以通过开发国际化知识拓展业务与发展，进而超越国内的竞争对手（Almeida，Song 和 Grant，2002；Knight 和 Liesch，2002；Prashantham 和 Young，2011；Roth 等，2009），以实现有益的国际市场绩效（Barkema 等，1996；Barkema 和 Vermeulen，1998；Blomstermo 等，2004；Delios 和 Beamish，1998）。

现有研究已经对国际化知识的概念术语及定义有了较为清晰的解释，并对它对国际化绩效的影响有了较为深刻的理论解释。因为国际化知识包括“结构的和日常的，它能够指导企业在国际市场中搜寻经验知识，并能影响企业在国际市场中的绩效与表现（Eriksson 等，1997，p. 353），国际化知识还是企业学习能力，促进企业成功进入新市场的关键影响因素（Fletcher，Harris 和 Richey Jr，2013）”。在国际营销和企业国际化进程研究中，国际化知识所带来的企业能力蕴含其中，但是现有研究对国际化知识的构成框架及在实践中应用的研究依然不足，研究者期望构建国际化知识的构成框架，以便清晰明了的指导国际化知识包含什么，如何获取，从何处获取，如何应用以及在什么时候应用。同时，在研究国际营销和国际化进程的领域，研究者对国际化知识的研究依然是分散的，没有一个系统集成的综合框架。鲜有研究关注于国际化知识是如何帮助企业成功实现国际化发展的，企业与经理人仍然表现出无效性，他们可能还不明白，在国际市场中他们需要什么，为什么需要国际化知识，如何获取国际化知识，如何应用国际化知识，何时应用这些国际化知识，在哪个阶段应用以及需要何种特定类型的国际化知识。

国际化知识需要企业不断地获取、分析、传播并分享市场信息（Vorhies 等，2011）。企业既可以从外部活动者（如合作伙伴、竞争者、高校及研究机构等）处获得国际化知识，也可以通过自身对市场信息的收集与分析，经过意会与加工，形成国际化知识（Hult 等，2007）。企业内部需要不断地沟通交流，将新知识与已有知识建立联系，以便对市场状况做出新的理解（Moorman 和 Miner，1997），这也为知识的传播与分享创造了条件。企业具有高水平的国际化知识，能够帮助其减轻文化距离带来的经营风险（Musteen 等，2014），提高企业的组织认同（Cayla 和 Peñaloza，2012）与营销适应性（Magnusson 等，2013），进而有助提高企业的市场绩效和市场适应性（Vorhies 等，2011）。

目前有关国际化知识的研究主要有 3 类。第一，探讨国际化知识获取的过程，研究者主要探究信息搜寻、分析、意会、传播与分享等过程（如 Morgan 等，2005；Hult 等，2007）；第二，探讨国际化知识的前置影响因素，研究者主要从网络、市场导向、社会资本等视角，分析企业如何获取国际化知识以提升其国际化经营绩效（如 Tolstoy，2010；Musteen 等，2014）。第三，探讨国际化知识如何转化为企业的能力，并分析其中蕴含的机制或对企业经营模式选择的影响（如张千军等，2013）。

对国际企业而言，尤其是在激烈竞争的市场环境中，当现有的国际化知识存储不够用时，企业就需要学习开发以获取新知识。企业拥有较高水平的国际化知识，可以更好地收集并处理有关客户需求、竞争者动向和市场需求等方面的信息，以便做出正确的营销探索或营销开发举措；企业经营管理人员则可以利用已有的国际化知识，推动企业逐步改进已有的战略或策略，逐步改进已有的能力，进而可以推动企业品牌管理能力和客户关系管理能力等具体能力的提升（Vorhies 等，2011）。当企业拥有较高水平的国际化知识，可以推动企业收集客户及竞争者的新信息，通过信息的加工与分析，进而能够发现潜在的市场机遇，从而驱动突破性的改变，推动企业创新并发展新的策略或实施新的战略，以创造新的能力（如 Tamayo - Torres 等，2014；Kane 和 Alavi，2007）。

3. 知识管理

近些年来，管理学者对国际企业间的知识转移，国际企业的知识管理、知识搜寻、知识整合等这些主题进行了广泛研究（如 Haas 和 Cummings，2014；Corredoira 和 McDermott，2014；Awate 等，2015）。在很多企业内，经理们已经意识到开发自身能力以及更好地利用企业知识的重要性。许多流行的管理手段使经理们对这一问题的认识越来越深刻。标杆管理、学习型组织等已经成为许多企业在实践中不断应用的管理手段。此外，一些企业裁员的失败案例解释了企业失去知识而因此付出的代价。授权和国际化已经催生了将本土知识运用到其他地方的潜力，信息技术也给个人带来了越来越差异化的知识，而这些知识也是公司总部所未知的。知识管理之所以重要，其中，一个普遍认同的原因在于日趋加快的竞争速度（Hedlund，1994；Nonaka 和 Takeuchi，1995）。当所需的知识已经存在组织中的其他部门时，重复的外部知识获取工作就成为一种严重的时间浪费。

一系列的跨国公司的组织模式已经解决放了企业如何组织并运营期分散的知识的问题。其中，较为突出的是 Hedlund（1986）的变态分层结构（Heterarchy）以及 Bartlett 和 Ghoshal（1989）所提出的跨国组织。这些组织模式的一个共同特点是通过设计组织结构，以解决两个看似相互矛盾的需求：获取全球规模小型和将零散的知识应用于本地市场。一个重要的发现就是，在跨国公司广布的网络中，非常有必要为知识转移建立一个成熟的网络，以便在激烈的竞争中与对手并驾齐驱。Kogut 和 Zander（1992）则进一步发展了这一观点，他们指出企业转移知识的能力及时其存在的原因：企业比市场做得更好的地方，就是在组织的个人和团体之间分享并转移知识；知识由个人拥有，但也是通过规则性表述，并以此促进社区成员间的合作。知识管理包含不同的方式，以知识转移为例，就知识转移的对象不同，可以将其划分为不同的治理模式，有企业内部的知识转移、联盟和合资企业中的知识转移、独立企业间的知识转移和收购中的知识转移（Foss，Husted 和 Michailova，2010）。知识管理是指将国际化知识、国际市场知识等类型的资源进行管理，通过有效的知识管理，能够发挥知识的价值和作用，帮助国际企业更好地适应国际市场，拓展国际市场（Gupta 和 Govindarajan，2000；Jensen 和 Szulanski，2004；Lord 和 Ranft，2000；Minbaeva 等，2003；Monteiro，Arvisson 和 Birkinshaw，2008；Schulz，2003）。

（二）国际市场学习

根据注意力基础观（Attention - Based View），任何战略都取决于其所在组织中的规则，它决定组织如何利用自己的资源基础，包括组织所关注的学习活动（Ocasio，1997；Ocasio 和 Joseph，2005）。我们假设一个企业的战略态势是强势冒险的，具有较强的主动性和创新性，它们通常并不避讳进入国际市场所面临的风险，因而它们将会积极、努力地在国外市场学习（Hilmersson 和 Jansson，2012；Liesch，Welch 和 Buckley，2011）；在进入越不确定性、越复杂的国外市场时，这些企业能够付出更多的国际学习努力（International Learning Efforts，ILEs）。此外，一些国际企业的管理者可能在进入国外市场时，可能会积极地扫描新市场的环境，越有较强的进入动机，他们越能够在这些市场中付出国际学习努力，而具有一定的相关市场知识则更有助企业对新市场的扫描（Cohen 和 Levinthal，1990；De Clercq 和 Zhou，2014）。同时，国际企业越强调创新，则约会积极地投入到国际学习活动中，以便推出更好的新产品或新服务（Knight 和 Cavusgil，2004；Sapienza，De Clercq 和 Sandberg，2005），进而保持较为强烈的创业战略态势，积极投身于国际学习（Ocasio，1997）。对新兴市场的跨国公司，为了能够提高在国外市场中的生存与发展能力，则更应该致力国际学习（Sepulveda 和 Gabrielsson，2013），以提高企业的营销效率和营销适应性。

研究表明，企业的学习与其在国外市场的业绩存在正相关关系（De Clercq 和 Zhou，2014）。积极的学习努力是开拓国外市场知识，能够充实企业的知识储备（Cohen 和 Levinthal，1990；Ocasio，1997），这有助于提高企业现有的营销能力，进而帮助企业在国际市场中获取生存与发展的机遇（Chandra，Styles 和 Wilkinson，2012；Zahra 和 George，2002）。当企业致力在国外市场努力学习时，企业就能够更好的认识并理解国外市场，进而更好地利用国外市场中的机会（Ocasio，1997）。因为在成熟度较高的国际市场中，企业很难发现各种潜在的市场机遇，这需要国际企业持续、努力地学习，不断地积累相关市场的知识，以便能够对市场环境及客户价值有更为深刻地理解，指定有针对性的市场或营销策略，以实现市场的成长与拓展。同时，国际企业在市场中不断努力学习，也是为了发现竞争对手的弱点，维持并增强自身的竞争优势（Cohen 和 Levinthal，1990），提高自身的竞争地位。相反，如果企业在国际市场中，不能努力学习，不能持续地发掘并积累市场知识，则可能被其他企业所超越，使其在国外市场中的经营风险增加，营销方式及营销策略可能失效，甚至被其他企业所取代（Hilmersson 和 Jansson，2012；Liesch，Welch 和 Buckley，2011）。

知识资源和企业的国际学习具有很紧密的关系。一方面，通过国际学习，国际企业可以获取知识资源，可以得到国际化知识和国际市场知识（Åkerman，2015）；另一方面，企业拥有国际化知识可以指导自身的国际学习行为及方向，制定企业的国际化战略或策略（Pla - Barber 和 Alegre，2007），有助于国际企业进行研发创新等（Corredoira 和 McDermott，2014），在新的市场中赢得客户青睐和优异绩效。因而，有学者认为企业的国际化，是一种学习和知识积累的过程（Johanson 和 Vahlne，2009）。

（三）市场适应性

近些年来，全球环境的动荡性不断加剧（Cavusgil，2012）。国际环境是国际化企业赖以生存的背景，环境的变化必然影响到企业的战略与行为。以往对国际环境的研究详细描述企业所面临的环境，认为这些环境能够为企业带来机遇与限制，企业可以通过组织、战略调整等行为进行应对，但却忽略了企业的主观能动性（Cantwell 等，2011），而近来更多的研究表明企业应主动适应环境甚至改变环境，以获得更为优异的绩效。如今更多的研究强调企业可以通过自身的创造性主动适应甚至改变环境，而这其中营销职能的关键作用也得到学者们的关注（Bruni 和 Verona，2009；Vorhies 和 Morgan，2005）。

资源基础观认为，企业内部的资源与能力是企业获得竞争优势的关键，在资源基础观的研究范式下学者们往往将财务绩效、市场绩效、竞争优势、品牌价值、新产品开发等作为绩效的衡量指标。然而，动态能力规则认为，企业的竞争优势会在短期内得到侵蚀（Teece，1994），企业需要不断调整自身能力以适应环境的改变（Teece，1997；Eisenhardt，2000）。一些学者也提出了竞争优势被终结的观点，他们认为稳定的竞争优势将不复存在，取而代之的将是临时的、短暂的竞争优势，企业要做的是不断地重构与更新自身的竞争优势（McGrath，2013），从而获得社会适应性（Corredoira 和 McDermott，2014；Zhao，Park 和 Zhou，2014）和市场适应性（Day，2013）。最近的研究认为企业“市场适应性”能够涵盖上述要求，是衡量企业长期竞争优势的重要指标（Julien 和 Lisa，2012；Benner 和 Tushman，2003；吕鸿江等，2007）。

国际市场适应性的相关研究也得到了学者们的广泛关注，它是指企业能够感知并把握潜在的国际市场机遇（Chakravarthy，1982；Hooley 等，1992；Miles 和 Snow，1978），这被认为是国际企业最理想的生存状态（Chakravarthy，1982）。Julien 和 Lisa（2012）指出海外市场适应性是指企业通过开发适宜的营销战略，塑造自身在海外市场独特形象的过程。也有学者认为，国际市场适应性涉及企业能够对市场信号、潜在的市场机遇与威胁以及对收集到信息做出应对（Homburg 等，2007；Homburg 和 Pflesser，2000），同时国际市场适应性也体现在企业国际营销的战略柔性上，适应性企业能够获得内部资源柔性以及资源分配柔性（Benner 和 Tushman，2003）。

市场适应性是指企业能够感知市场风险与机遇，进而做出反应以捕获市场机遇，它是衡量企业长期竞争优势的重要指标，是国际企业最理想的生存状态（Cayla 和 Peñaloza，2012）。市场适应性涉及企业能够对市场信号、潜在机遇与威胁以及对收集到信息做出及时地应对，是企业组织柔性和营销战略柔性的具体体现（Benner 和 Tushman，2003；Cayla 和 Peñaloza，2012）。Benner 和 Tushman（2003）（AMR）的研究更进一步探讨了国际市场适应性的测量问题，他们利用市场反应性与绩效来衡量市场适应性。未来研究需要系统整合市场适应性、组织适应性、适应能力和市场反应性的相关研究，进一步提炼并完善国际市场适应性的测量指标体系。

第二节　研究问题与框架

一、研究问题

随着新兴国际化企业国际化进程的不断迈进，其所面临的市场环境日趋动荡、复杂（Cavusgil 和 Cavusgil，2012），导致企业以往所依赖的路径遭到破坏，静态的竞争优势难以维持（McGrath，2013），这使“如何提高企业的市场/营销适应性”逐渐成为企业与学者共同关注的热点问题（Cayla 和 Peñaloza，2012；Rochford，2014）。而要适应市场环境的变动，企业必须成为有生命的机体，随着环境的变化而不断“进化”，以提高自身的能力（Bouée，2013）。这要求企业既要充分利用现有资源与能力，又要不断突破开发新的资源与能力，即企业需要不断进行学习。研究者认为知识资源是企业提高能力、获取竞争优势的关键因素（March，1991；Voss，2012；O’Reilly III 和 Tushman，2013；Hsu 等，2013），国际企业需要不断进行学习，重构并更新自身的资源与能力（McGrath，2013），以弥补环境变动带来的营销能力缺口（Day，2011），才能提高市场适应性，获取持续的竞争优势（Day，2014）。

由于国际化知识是企业构建营销能力的基础（Day，1994），而市场适应性的提高又依赖企业不断习得并利用知识资源（Moorman，1995）。故有研究者认为企业是在已有市场知识的基础上，引入新的市场知识并加以整合（Kohli 等，1993；Moorman，1995），通过不断的学习增强营销能力（Vorhies 等，2011），进而提高其市场及营销适应性，但现有研究尚未打开新兴国际化企业国际化知识管理如何提升其市场适应性的“黑箱”。因此，本书基于市场学习能力视角，探讨新兴国际企业如何获取国际化知识，进而如何将国际化知识转化为企业的市场学习能力和市场适应性。

本书将整合知识基础和企业能力的相关理论，借鉴营销绩效相关的研究框架，剖析在国际市场中，新兴市场的跨国企业其国际化知识对其市场适应性的作用机制，分析新兴国际化企业如何获取国际化知识资源，学习分析国外市场的知识资源，并通过提升企业能力，进而提高自身的市场适应性。同时，本书还将考虑企业在市场学习能力在国际化知识资源与市场适应性间的影响。

为了更好地对本书的主题开展研究，本书将其分解为以下几个子问题具体实施研究：（1）新兴国际化企业为何需要、从何处获取、如何获取、如何使用国际化知识；（2）新兴国际化企业如何将国际化知识转化为企业能力和市场适应性；（3）不同国际化阶段的新兴国际化企业，如何有效利用国际化知识并将其转化为企业的市场适应性。

子研究 1：新兴国际化企业为何需要、从何处获取、如何获取、如何使用国际化知识

在国际营销和企业国际化进程研究中，国际化知识所带来的企业能力蕴含其中，但是现有研究对国际化知识的构成框架及在实践中应用的研究依然不足，研究者期望构建国际化知识的构成框架，以便清晰明了的指导国际化知识包含什么，如何获取，从何处获取，如何获取、如何应用以及在什么时候应用。同时，在国际营销和国际化进程研究领域，学者们对国际化知识的研究依然分散，没有一个系统集成的综合框架（Fletcher，Harris 和 Richey Jr，2013）。

鉴于此，本书将整合 RBV 和 KBV 的相关研究，探讨新兴国际化企业需要何种国际化知识，为什么需要这些国际化知识，如何获得这些国际化知识以及何时应用这些国际化知识展开探讨，分析国际企业如何进行国际化营销，通过分析国际化知识的分类及国际化进程的研究。另外，本书将国际化知识分为：市场进入知识、本土化知识和国际企业知识，我们将利用长期追踪的定性研究方法探讨，新兴国际化企业：（1）为何需要不同类型的国际化知识；（2）从何处获得这些国际化知识；（3）如何获得这些国际化知识；（4）在不同的国际化进程中，何时应用何种类别的国际化知识。通过以上分析，本研究期望进一步深化国际化知识研究。

子研究2：新兴国际化企业的国际化知识对其市场适应性的影响机理研究

国际化知识是新兴国际化企业开展国际经营中重要的，具有战略价值的资源，但现有研究对国际化知识的研究尚不充分，尤其是新兴国际化企业的国际化知识对其市场适应性的影响机理研究。目前，研究者更多关注跨国公司、国际企业或企业之间的知识整合、知识传递、知识吸收等变量，对企业知识资源的影响，探讨企业如何获取国际化相关的知识资源；也有学者开始探讨国际化知识、国际市场知识等因素对企业绩效的影响。然而，研究者并未深入分析新兴国际化企业获取国际化知识后，如何将其转化为企业能力和市场适应性，尤其是如何提升企业的营销适应性、市场反应性和市场绩效等。因此，本书期望通过探讨新兴国际化企业的国际化知识资源对其市场适应性的影响机理，并在这个过程中通过探讨企业内外部因素（如知识整合能力、市场动荡性等）的影响作用。同时，我们还将在其中探讨新兴国际化企业的国际化知识，对其市场学习能力的影响，并注重分析企业的市场学习能力在其中起到的作用。

子研究3：不同国际化进程中的新兴国际化企业，如何有效利用获取的国际化知识资源，以提升其市场适应性

在不同的国际化阶段，新兴国际化企业所面临的市场环境，自身的能力及发展的目标是不同的，企业会寻求不同的国际化知识资源，并期望将这些知识资源进行有效利用。同时，新兴国际化企业在不同的国际化阶段，其经营战略和自身能力的差异，也会影响企业利用国际化知识的效率。目前，研究者主要关注新兴国际化企业的成长过程，关注新兴国际化企业的资源与能力的不断演进，或者新兴国际化企业的网络资源、营销能力、创新能力等因素对其绩效的影响。然而，现有研究中较少关注于不同国际化阶段，新兴国际化企业知识资源对其绩效的影响，也没有分析其知识资源及能力对市场适应性的影响。由于不同的国际化阶段，企业国际化程度会不断深入，新兴国际化企业的发展诉求有所不同，因此企业会寻求不同类别的国际化知识，以支撑自身的国际化发展与经营。因此，有必要长期追踪这些新兴国际化企业在不同国际化阶段收集获取的国际化知识，并研究新兴国际化企业如何将这些国际化知识转化为企业的能力，以便在发展过程中提高企业的市场适应性。

为了能对上述问题进行解答，本书将通过文献回顾对上述问题进行理论推理，并将以新兴国际化企业为样本，首先进行案例研究探析变量维度构成，并以此设计调研问卷、测量相关的研究变量并进行实证验证，以期发现变量间的关系，探究新兴国际化企业市场知识管理对其营销绩效的影响机制。本书还将进一步研究市场动荡性、企业的知识整合能力，对新兴国际化企业的市场适应性产生的影响。

二、研究目标

本书借助规范的概念逻辑分析、规范分析和实证分析相结合的分析方法，针对新兴国际化企业的实践活动，结合本书的研究主题和研究范围，应用当今企业战略管理的主流学说，预期达到以下研究目标：

（1）阐释国际化环境下，新兴国际化企业如何利用国际化知识，提升自身的市场适应性，进而为获取竞争优势具有重要价值与意义；

（2）探寻新兴国际化企业所需要的各类国际化知识，并分析为何需要这些国际化知识，从何处获得，如何获得，如何使用这些国际化知识，以便进一步深化挖掘新兴国际化企业的国际化知识管理；

（3）系统研究新兴国际化企业的国际化知识对其市场适应性的作用机制，探寻知识整合能力、市场学习能力在其中发挥的作用，同时，本书还将探寻外部环境因素的调节作用；

（4）构建较为完整的新兴国际化企业国际化知识构成体系，为新兴国际化企业提高市场适应性提供支持，并为其指定相应的管理及运作策略提供支持依据，以期降低国际环境的不确定性对新兴国际化企业运作的冲击，增强企业对环境变化的反应能力，提高企业的运营效率和市场绩效。

三、关键问题

本书着力探讨新兴国际化企业如何获取国际化知识资源，进而提高自身市场适应性的影响机制，需要对新兴国际化企业的国际化知识资源，获取方式及相关的学习活动，以及概念及变量的准确测量等问题进行重点研究。

（1）新兴国际化企业的国际化知识获取。鉴于现有研究主要聚焦一般性的知识获取，缺乏对新兴国际化企业的国际化知识资源获取方式的剖析。本书将采用探索性案例研究，探析新兴国际化企业的国际化知识资源获取，分析其知识获取所要具有的要点及特色，以便在后续研究中分析其对市场适应性的影响。

（2）新兴国际化企业的国际化知识对其市场适应性的影响机制研究。本书将采用理论推导和问卷市政调研的方法，探究新兴国际化企业的国际化知识对其市场适应性的影响机制，将重点分析新兴国际化企业如何将国际化知识转化为企业能力，进而提高其对市场适应性。本书将更加透彻地把握，新兴国际化企业的国际化知识对其市场适应性的理论架构，进一步提出新兴国际化企业如何提升其市场适应性。

（3）外部环境、组织学习等变量的调节作用。从外部环境角度出发，市场环境的动荡性对新兴国际化企业的市场适应性具有较为重要的影响，需要考虑这些外部环境因素对研究模型及结果产生的影响；从企业内部角度出发，新兴国际化企业的知识整合能力是其将知识资源转化为企业能力的重要影响因素。因此，本书将探讨新兴国际化企业所处的外部环境和本身所具有的内部能力，对主要变量间的调节作用。

（4）对所涉及构念与变量的准确测量。科学研究的本质就在于能够对所涉及的变量进行科学的概念化和操作化，从而对其进行科学的测量。而这又是构念和变量间关系进行科学验证的基础。如果这一问题解决不好，新兴国际化企业的国际化知识、知识整合能力和市场适应性的实证验证和科学性就难于得到保证，影响本书理论框架存在的合法性。

四、研究内容

为解决本书所提出的问题，本书所要探讨的研究内容有：

（1）绪论部分。在这一部分，本书主要分析研究的现实背景和理论背景，提出研究问题，并明确研究问题产生的迫切性和必要性。同时，这一部分还将明确本文的研究思路、研究方法、研究的意义以及本文的创新点。

（2）理论基础与文献综述。在这一部分，我们将首先呈现围绕获取竞争优势，从资源基础观、知识基础观，梳理国际化知识研究的发展脉络，从而清晰地勾画本书所研究主题在这一脉络中的落脚点。在此基础之上，我们将对本文所要涉及新兴国际化企业、国际化知识、市场适应性、知识整合能力、市场动荡性等方面的相关研究进行梳理与回顾，为本书奠定理论基础，同时为本文构建理论研究框架模型埋下伏笔。

（3）新兴国际化企业获取国际化知识的探索性案例研究。本部分主要是通过案例研究探析新兴国际化企业如何获取国际化知识，着力分析新兴国际化企业为何需要、如何获取、如何使用，何时使用这些国际化知识，并分析这些知识对企业市场适应性产生的影响，以便构造理论研究的概念框架。

（4）研究假设与研究步骤。本部分主要是在文献回顾与探索性案例研究基础上，通过理论推理，构建新兴国际化企业的国际化知识，对市场适应性的影响机制，并提出实证研究的具体步骤。

（5）问卷设计与小样本测试。本书中所涉及的变量，多是借鉴以往研究设计而来的，故本文需要通过预调研，收集小样本数据进行测试，以便对量表进行净化与修订，进而制定出正式的调研问卷，用于大样本数据收集。

（6）实证检验新兴国际化企业的国际化知识对其市场适应性的影响机制。本部分将在对研究模型中的变量进行验证性因子分析，以便调整研究模型。同时，本部分还将采用相关性分析、结构方程分析和线性回归分析等方法，对新兴国际化企业的国际化知识对其市场适应性的影响机制模型进行验证分析，以便检验本研究所提出的模型架构和研究假设。

（7）研究结论与讨论。本部分将对本书的主要研究结论，并在此基础上提出理论贡献和管理启示，并探讨本书的研究局限和未来研究方向，为后续研究提供借鉴。

由此，本书研究整体内容逻辑框架如图 1.1 所示。

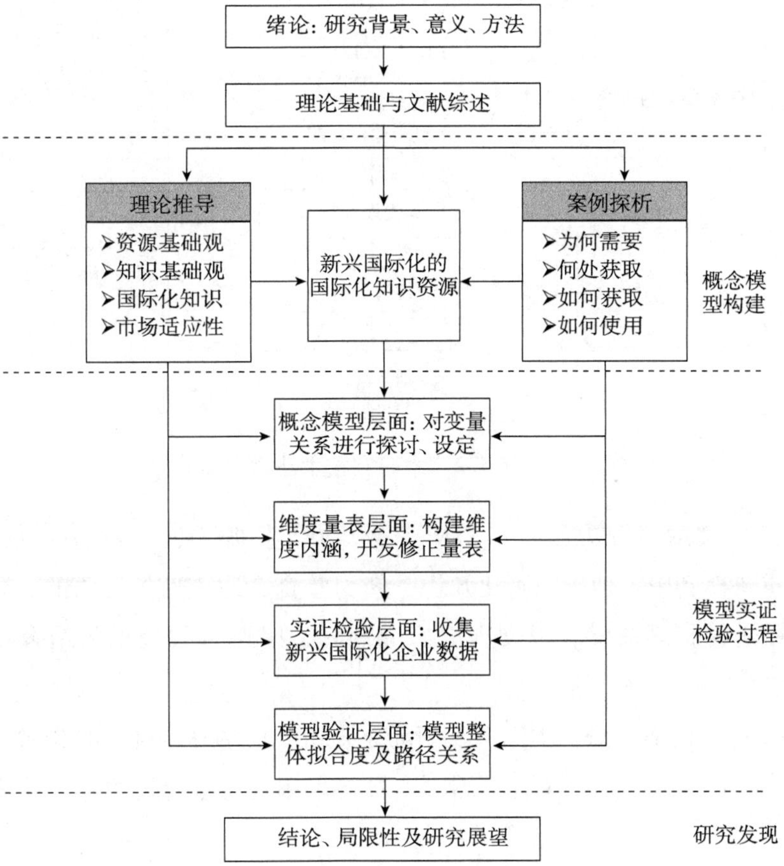

图 1.1　本研究整体内容逻辑框架

五、研究方法

本书采用的研究方法主要是混合研究方法，采用的有文献研究法、案例研究法、理论演绎法和实证调研法等多种研究方法和技术，见图1.2。

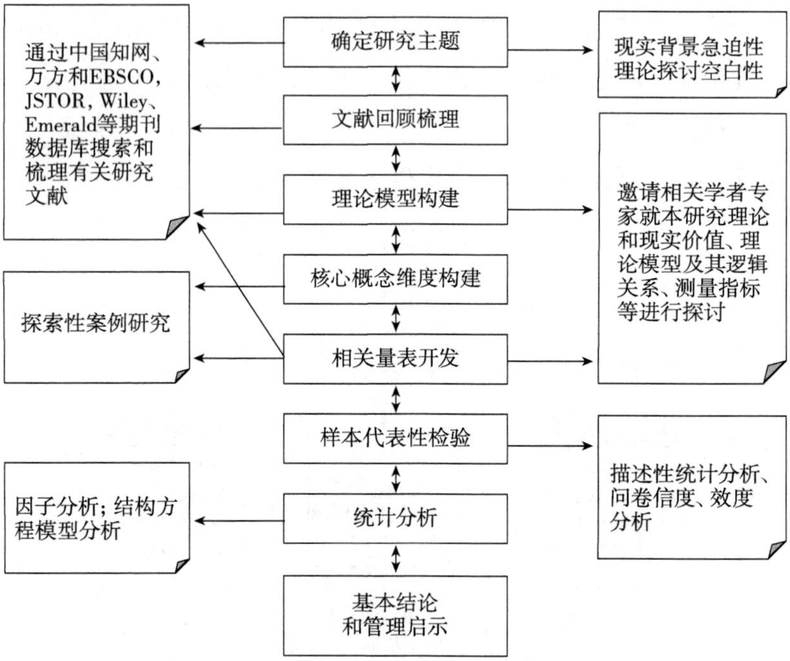

图1.2　本研究技术路线

（1）文献研究方法。本书从中国知网、EBSCO、Elsevier等数据库，检索重要期刊中，使用国际化知识、知识整合、适应性等词语的文献，并对文献进行梳理总结，以便理清研究现状，以期寻找理论的结合点和空白点。

（2）理论演绎法。本书涉及国际化知识、市场动荡性、知识整合、学习能力和适应性等研究变量，因而本书将采用理论演绎的方法，提出假设模型。

（3）案例研究法。为了有效地探索并剖析新兴国际化企业的国际化知识，对市场适应性的作用机制，本书将通过案例研究法对变量间相关关系进行探讨，以便发现其中的作用机制。

（4）问卷调研法。为获取新兴国际化企业的数据资料，本书采用问卷调研法，向多个地区的新兴国际化企业的管理者发放调研问卷，收集数据资料。

（5）实证分析技术。通过探索性和验证性因子分析技术，本研究调整了问卷问项，并调整了研究模型，以提高测量的信度与效度，并使用结构方程方法，对本书的理论模型以及所提出的假设进行实证检验。

第三节 研究意义与创新点

本书的理论意义体现在国际化情境下，基于资源基础观、知识基础观与国际营销理论有效地结合，以新兴国际化企业为研究对象，对其国际化知识、市场学习能力、市场适应性、知识整合能力和市场动荡性进行界定，并对这些变量间的关系进行理论推理与实证验证。本书将对该领域的研究从理论上进行适当的补充和完善，因此，凸显了本书的理论创新，将对该领域的研究有重要的理论意义。同时，我国许多新兴国际化企业正不断加快进军国际市场的步伐，以新兴国际化企业为样本的研究，将对我国企业在国际市场乃至全球市场中的营销实践，具有极其重要的现实指导意义。

一、理论意义

本书的理论意义体现在国际化不确定性环境下，将知识基础观、组织学习与适应性理论有效契合，以新兴国际化企业为研究对象，探究国际化知识对其市场适应性的影响机制。本书的理论意义主要体现在：

（1）通过探讨新兴国际化企业如何在国际市场中如何进入国际市场、如何开展本土化和海外经营，进一步深入拓展了国际营销和国际化进程研究。尽管研究者也非常关注新兴国际化企业的生存与发展，但很少有研究通过分析新兴国际化企业获取知识资源来提升其能力和市场适应性。本书将在已有文献的基础上，分析新兴国际化企业为何需要、从何处获得、如何获取和何时需要国际化知识，并分析了不同国际化阶段，新兴国际化企业如何提升市场学习能力，进而提升自身的市场适应性。通过案例研究和问卷调研分析，本书将分析不同国际化阶段的新兴国际化企业，需要何种类型的国际化知识。本书将采用执行研究和量化研究相结合的混合研究方法，从案例和问卷调研的方法，进一步深化分析了国际化进程研究中，特别是有关新兴国际化企业的研究，也进一步克服了现有研究的不足。

（2）尽管研究知识管理的文献已较为丰富，但是将知识管理与营销理论相结合的研究还较为匮乏（Fang 和 Zou，2009），特别是对新兴国际化企业市场知识管理方面的研究尚在积累过程中，而聚焦于新兴国际化企业的国际化知识对其营销适应性、市场反应性和市场绩效的研究，更属于理论研究空白点。本书将深入研究新兴国际化企业国际化知识独特性，从理论层面探究其构成、类别及何时需要、何处获得、如何获得，这对丰富和完善市场营销理论中，新兴国际化企业的知识管理大有裨益。本书将探讨不同类别的国际化知识，对新兴国际化企业的市场学习能力和市场适应性的影响，这能够进一步丰富现有国际企业知识资源方面的研究，特别是有关新兴国际化企业的研究。本书不仅弥补了现有研究的不足，还能够推动以后国际化知识研究的深入开展，让后续研究者更为关注国际化知识的分类和国际企业如何获、使用相关的国际化知识。

（3）以往研究中只是分析了企业知识整合能力的基本构成，或者探讨企业信息技术相关的知识整合能力，并没有全面细致分析。本书将细致探讨了新兴国际化知识整合能力的维度及其测量，并深入分析了企业的市场学习能力对企业适应性的影响。通过探索性案例研究和调研数据分析，本书将探讨不同国际化阶段，新兴国际化企业对其知识整合能力的需求。此外，本书还将借鉴以往研究，进一步将知识整合能力和市场学习能力的构成维度及测量，并制定了相应的量表。同时，本书还将根据新兴国际化企业的经营管理情境，分析其国际化知识对其市场学习能力的影响，填补了现有研究的空白点，以便丰富了新兴国际化企业的研究分析视角。

（4）在动荡环境下，企业的竞争优势会在短期内受到侵蚀（Teece，1994），最近的研究认为企业“市场适应性”更适合在动荡环境中衡量企业的经营绩效（Kim 和 Pae，2007；Benner 和 Tushman，2003；贺远琼等，2008）。本书将深入拓展市场适应性研究，拓展了市场适应性应该包含的维度，尤其需要拓展市场适应性所应包含的维度，以便使市场适应性变量更为丰富、完善。本研究将从营销的视角出发，尝试构建企业市场适应性的提升机制。通过理论构建，本书采用多种视角全面揭示了企业市场适应性的提升机制。

二、实践意义

无论从世界经济发展的主流趋势来看，还是从中国企业自身发展的进程来看，进军国际市场已经成为毋庸置疑的事实，而且中国企业也在加紧步入国际市场的步伐。然而，在应对国际竞争的过程中，中国企业最紧迫的是提升自身的“内功”，积累知识资源，培养营销能力，提高企业的竞争实力。尽管我国企业海外并购的总量和力度大幅提高，但面对更为复杂多变的国际环境，我国企业亟须不断提升自身能力，以适应市场环境变化。本书的实践价值在于：

（1）国际化知识是新兴国际化企业，进行国际化经营的重要资源，对其具有重要的战略价值。国际化知识要求企业组织在学习过程中，从一个国家到另一个国家进行有效获取与转移。对新兴国际化企业而言，由于国际化知识的匮乏，经常使企业的国际化经营陷入困境。新兴国际化只有通过多种途径获取国际化知识，能够帮助新兴国际化企业在国际市场中获得发展。新兴市场的国际化企业可以采用多种策略和渠道，获得更多的国际化知识。新兴国际化企业获取国际化知识资源，将促进国际进程的迈进，有助于企业获得更高、更快的成长与发展。新兴国际化企业如何获取国际化知识，还介绍了从何处获得这些国际化知识，对企业进行国际化学习，吸收知识资源具有重要的指导意义。

（2）尽管资源基础观早就强调，稀缺和难以模仿的核心资源是企业获得竞争优势的关键，但企业还需要将知识资源转化为自身的能力，以便在市场中开展竞争。对新兴国际化企业而言，要想在国际市场中获取竞争优势，不仅需要不断积累知识资源，还需要有能力将这种知识资源转化为企业对市场理解的能力。通过企业将国际化知识资源转化为企业的能力，才能帮助企业在国际市场中开展有效的竞争。新兴国际化企业要想获取市场适应性，需要将国际化知识资源转化为企业能力。只有不断积累国际化知识，还需要将国际化知识不断丰富完善，不断进行整合利用，以便将其变化为企业对市场的理解能力，即市场学习能力，这样才能帮助企业制定营销战略和策略，提高自己在市场中的反应速度，进而提高企业在国际市场中的绩效。

（3）对新兴国际企业等国际企业而言，在不同的国际化阶段，企业可能需要不同的国际化知识、不同的知识整合能力。新兴国际化企业不仅需要学习吸收国际化知识资源，还需要有较强的知识整合能力，以便对知识资源进行整合利用，消化转移。基于知识资源管理的思路与策略，有助于提炼新兴国际化企业如何进行知识管理的成功模式和经验，分析新兴国际化企业如何将国际化知识转化为企业能力和竞争优势。这对现实情境下的中国国际化企业而言，本书的成果具有重要的指导作用和借鉴意义。

三、创新点

本书的创新点主要体现在拓展国际营销和国际化进程研究，尤其是关于新兴国际化企业的国际化知识与其市场适应性间的研究。同时，本研究将深化了知识整合能力、市场适应性和市场学习能力方面的相关研究。

（1）拓展国际营销和国际化进程研究。本书将探讨新兴国际化企业如何在国际市场中如何进入国际市场、如何开展本土化和海外经营，这能够进一步深入拓展了国际营销和国际化进程研究。尽管目前有关国际营销和国际化进程的研究已经较为丰富，但现有研究中有关新兴国际化企业的研究主要是基于案例研究或者实证分析，而本书将采用的是混合研究方法。既使用探索性案例研究，又使用数据调研来做实证分析，进一步深化了新兴国际化企业，如何通过国际化知识资源来提升自身的市场适应性。同时，本书还探讨了处于不同时期的新兴国际化企业，这些企业需要何种类型的国际化知识，进而提升自身的市场学习能力和国际市场适应性。

（2）丰富国际企业国际化知识研究。尽管研究知识管理的文献已较为丰富，但是将知识管理与营销理论相结合的研究还较为匮乏（Fang 和 Zou，2009；许守任，2014），尤其是对新兴国际化企业市场知识管理方面的研究尚在积累过程中，而聚焦新兴国际化企业的国际化知识对其营销适应性、市场反应性和市场绩效的研究，更属于理论研究空白点。因此，本书将深入研究新兴国际化企业国际化知识独特性，从理论层面探究其构成、类别及何时需要、何处获得、如何获得，这对丰富和完善市场营销理论中，新兴国际化企业的知识管理大有裨益。

（3）拓展知识整合和市场学习能力研究。以往研究中只是分析了企业知识整合能力的基本构成，或者探讨企业信息技术相关的知识整合能力，并没有全面细致分析。本书将细致探讨了新兴国际化知识整合能力的维度及其测量，并深入分析了企业的市场学习能力对企业适应性的影响。通过探索性案例研究和调研数据分析，本书发现不同国际化阶段，新兴国际化企业对其知识整合能力的需求有所不同。此外，本书也借鉴了以往研究，进一步将知识整合能力和市场学习能力的构成维度及测量，并制定了相应的量表。

（4）深化国际企业市场适应性研究。动荡环境下企业的竞争优势会在短期内受到侵蚀（Teece，1994），最近的研究认为企业“市场适应性”更适合在动荡环境中衡量企业的经营绩效（Kim 和 Pae，2007；Benner 和 Tushman，2003；贺远琼等，2008）。本书将拓展市场适应性研究，特别是市场适应性应该包含的维度，以便使市场适应性变量更为丰富、完善。本书将从营销的视角出发，尝试构建企业市场适应性的提升机制。一方面，根据“由外向内”的营销逻辑，以充分获得市场信息，并察觉潜在的发展机遇；另一方面，根据“动态性”的营销逻辑，即不断调整资源配置方式，并拓展企业营销战略边界，以快速把握机遇。通过理论构建，本书采用多种视角全面揭示了企业市场适应性的提升机制。

第二章 理论基础与文献综述

新兴国际化企业要适应当前动荡和复杂的环境，需要充分利用现有资源，尤其是知识资源，以便实施战略调整，制定合适的策略，发展新的能力，以提升适应性。由于国际化知识是新兴国际化企业，开展国际经营的重要战略性资源，是企业能否在国际市场中获得生存与发展的重要依托。故通过研究新兴国际化企业为何需要，从何处获取，如何获取，如何使用国际化知识具有很强的现实意义和理论意义。本章将首先回顾国际化知识资源所涉及资源基础观和知识基础观等理论；其次，回顾国际化知识相关的研究及国际化知识的分类等；最后，由于国际化知识涉及的企业如何通过知识资源构建自身对市场的了解和学习的能力，也涉及企业如何整合知识资源，如何取得市场适应性，故本书还需要系统回顾市场适应性、市场学习能力、知识整合能力和市场动荡性等变量，并对其进行系统梳理、回顾与评述，为本文进一步深化研究奠定基础。

第一节　知识相关的理论基础

本书主要探讨新兴国际化企业的国际化知识对其市场适应性的影响机制研究，由于国际化知识既是企业重要的资源，也是企业开展国际化经营的重要战略性资源。因此，本书将简要回顾国际化知识相关的理论基础，即资源基础观和知识基础观。

一、资源基础观

1984 年 Wernerfelt 的"企业的资源基础论"中提出了"资源基础论"概念。资源论的假设是：企业具有有形和无形的资源，这些资源在企业间是不可流动的且难以复制；这些独特的资源与能力是企业持久竞争优势的源泉。资源基础理论主要包括以下 3 个方面的内容：

（一）企业竞争优势的源：特殊的异质资源

资源基础理论认为，企业在资源方面的差异既是企业获利能力不同的重要原因，也是拥有优势资源的企业能够获取经济租金的原因。作为竞争优势源泉的资源应当具备以下 5 个条件：①有价值；②稀缺；③不能完全被仿制；④其他资源无法替代；⑤以低于价值的价格为企业所取得。真正作为企业优势源泉是以下 3 个条件：①有价值；②不能完全被仿制；③具有自我发展。

（二）竞争优势的持续性：资源的不可模仿性

企业竞争优势根源于企业的特殊资源，这种特殊资源能够给企业带来经济租金。在经济利益的驱动下，没有获得经济租金的企业肯定会模仿优势企业，其结果则是企业趋同，租金消散。因此，企业竞争优势及经济租金的存在说明优势企业的特殊资源肯定能被其他企业模仿。

（三）特殊资源的获取与管理

资源基础理论为企业的长远发展指明了方向，即培育、获取能给企业带来竞争优势的特殊资源。由于资源基础理论还处于发展之中，企业决策总是面临诸多不确定性和复杂性，资源基础理论不可能给企业提供一套获取特殊资源的具体操作方法，仅能提供一些方向性的建议。企业可从以下几个方面着手发展企业独特的优势资源。

表 2.1　如何获取企业发展所需要的独特资源

获取方式	释义
组织学习	研究人员认为，企业获取知识和能力的基本途径是学习。企业的知识和能力不是每一个员工知识和能力的简单加总，而是员工知识和能力的有机结合，通过有组织的学习不仅可以提高个人的知识和能力，而且可以促进个人知识和能力向组织的知识和能力转化，使知识和能力聚焦，产生更大的合力
知识管理	企业在经营活动中需要不断地从外界吸收知识，需要不断地对员工创造的知识进行加工整理，需要将特定的知识传递给特定工作岗位的人，企业处置知识的效率和速度将影响企业的竞争优势
外部网络	通过建立战略联盟、知识联盟来学习优势企业的知识和技能则要便捷得多。来自不同公司的员工在一起工作、学习还可激发员工的创造力，促进知识的创造和能力的培养

资料来源：本研究整理。

对新兴国际化企业而言，国际化知识是其开展国际化经营所必需的异质资源，这种资源具有战略价值，具有不能完全被仿制性，也很难在企业间流动，并且难以复制，本身也具有一定的自我发展性，企业可以通过学习吸收，多种渠道加以获取。此外，对国际化知识这种特殊资源，新兴国际化企业的获取与管理也充满着诸多不确定性和复杂性，企业需要通过内外部网络，不断进行学习，才能获取这类资源。同时，企业还需要对国际化知识进行有效的管理，才能将其进行有效整合与管理，以便在国际化发展中对其进行转移、应用。

二、知识基础观

随着企业理论研究的逐步深化，学者们发现隐藏在企业能力背后的，决定企业竞争绩效的关键因素是企业掌握的知识，知识基础观由此形成（Grant，1996；王亚江、韩德昌，2009）。知识基础观认为，企业是一个知识处理系统，企业核心能力的来源是企业内的隐性知识（Grant，1996、1997；湛正群、李非，2006）；企业内的知识以人为载体，通过各种手段如文本、技术系统、言传身教等来实现部分和完全共享，通过知识整合和创造，产生能带来经济价值的新知识（湛正群、李非，2006）。知识基础观认为，企业的重要职能之一就是建立、应用、整合相关的知识，提供产品和服务的附加价值，企业的优势存在于它们卓越的知识创造与能力获取中（罗珉，2007；王亚江、韩德昌，2009）。通过对企业的知识本质的重新思考，知识基础观进一步推进了对竞争优势来源的认识（湛正群、李非，2006）。

（一）知识的产生：从数据到知识

知识是个人将大量的、情境性的和复杂的数据通过编码和抽象而生成的信息，知识的产生嵌于具体环境之中，同时也内生于个人，受环境、个人的内在的知识状态和处理能力的影响；知识的产生必须以人为载体，同时通过个人来进行消化和吸收（湛正群、李非，2006；Brauner 和 Becker，2006）。

从数据到知识的过程是个人通过对数据的编码和抽象过程形成对事物的认识，形成个人知识（湛正群、李非，2006；Boisot，1995）。这种知识的形成更多依赖个人的学习。而学习是一个在认识空间运动的过程，学习要求一种以适应性方式获得和处理数据的能力（Hayek，1996；Kogut 和 Zander，1992）。学习是一种后天获得的能力，目的是适应环境或改变这种环境以提高有机体的生活状况或生存前景；通过学习，个人拥有了知识（Kogut 和 Zander，1992）。

（二）企业的产生：从个人知识到专门知识

1. 企业知识的产生

知识总是分散地被各个人所占有，所有个人的知识的确存在，但却是以分散的、不完全的、有时甚至是彼此冲突的。如何能够做到人人都从知识中获益，便成为一个我们必须正视的大问题。企业无疑是解决这一问题的有效形式。通过将多种形式和来源的知识与决策联系在一起，公司存在显著的为所有人扩大了机会集合。企业在处理信息上有一个显而易见的好处是可以实现专业化，通过两种方式来实现：使可扩散的知识不扩散；通过整合个人知识，形成企业的专有知识（Lei，1997；Iansiti，1998；湛正群、李非，2006）。

知识掌握在个人手中，但必须在规则中发挥作用，这种规则正是人们在社会共同体中进行合作的表现形式（湛正群、李非，2006）。企业作为一种知识整合机制还体现在为企业提供了一种以沟通为基础的知识整合方式，即企业的重要功能是通过发展一种独特的语言或表达方式促进组织成员和部门之间的交流，使知识转移和共享更加经济和有效。不同的知识协调正是通过企业这个“知识社区”中的“共同知识”来实现。共同知识通过提供一个高度缄默的知识共享平台从而为知识整合提供了平台，实现组织内隐性知识和显性知识之间的转换，从而促进知识在企业内的运用和发展（湛正群、李非，2006）。

2. 企业核心能力的来源：隐性知识

知识可以分为两类：显性知识和隐性知识（Polanyi，1966）。显性知识是指那些能写下来、编码和解释并能被企业内或企业外的任何人所理解的知识，这类知识具有一定的产权属性，但是仍旧可以视为透明的，因为任何一个具有相关技术知识基础的人都可以理解它。因此，基于显性知识的竞争优势只能是一种短期的优势。

内隐知识是指隐含于行动之中并且与具体的环境与氛围紧密联系的知识（Polanyi，1966）。内隐知识内在地与企业的基于任务环境的能力相关，如技术和经验知识，在不同任务环境、具有不同的成长路径以及不同的组织文化的企业所产生的内隐知识天然不同，即这些企业的内隐知识具有异质性（Johannessen 和 Olsen，2003）。这种知识的形式完全地嵌入在个人身上，根植于企业的实践和经验之中；为了从这种知识中获得竞争优势，其应用任务的执行人必须要具有特定的知识，也就是要具有一定的能力基础来吸收、消化和使用（Conner 和 Prahalad，1996；Amit 和 Schoemaker，1993；湛正群、李非，2006）。

（三）企业内知识管理：知识的吸收、创新、扩散过程

知识管理是一种有意识地促使把合适的知识在合适的时间传递给合适的人，以增进企业绩效的战略。企业内的知识管理过程就是对知识的吸收、创新和扩散过程。企业内以个人为载体的隐性知识通过显性化、整合、内部化和社会化四个阶段，最终转变为企业的专门知识。Gray 和 Meister（2006）指出，组织内知识管理的动机，是为了寻求如何促进雇员间相互吸收彼此的专业技能、经验、创意与观念等，这被称之为知识获取（Knowledge Sourcing）。

企业对知识的管理日益成为持续竞争优势的来源。在以高度增长的复杂性和不稳定性为特征的新商业环境中，一个组织创造和保持竞争优势的能力依赖于它知道什么而不是它拥有什么。实证研究表明，知识管理实践增进了雇员间的相互了解和建议，降低新产品开发的风险，增进企业获得商业上成功的机会（Cooper，2003；Lechner 和 Dowling，2003；湛正群、李非，2006）。

（四）国际化知识与知识基础观

企业是一个知识共同体，企业内的知识尤其是隐性知识是难以被竞争对手所模仿的。现有知识存量形成的知识结构决定了企业发现机会、配置资源的方法。国际化知识既是新兴国际化企业重要的战略资源，也是企业获取竞争优势的重要来源。国际化知识是企业组织的一种特定知识，要求

企业组织在学习过程中，从一个国家到另一个国家进行有效获取与转移。国际化知识可以本身具有一定的异质性和不可模仿性，需要企业通过一些渠道获取并加以管理。国际化知识资源可以帮助新兴国际化企业更好地帮助企业配置自身的资源，帮助企业提升自身的能力。

通过知识的吸收、创新、扩散，企业将从个人知识转化为专门知识，能够帮助企业获取更多知识资源，这些资源既可以帮助企业更合理地配置资源，也能够提升企业自身能力。尤其是对新兴国际化企业而言，相对于一些发达国家的跨国公司，作为后发型的企业，本身是缺乏国际化知识的，这就需要企业不断吸收、创造国际化知识，并将知识进行创新与扩散，形成一种企业能力。新兴国际化企业需要系统地规划国际化知识的吸收和管理过程，通过自身学习和外部网络，建立相应的吸收、创造、传播和创新知识的一系列过程，其对象是企业从事国际化经营活动所需要的各种隐性和显性知识，包括如何进入国际市场、如何开展本土化经营和开展国际化经营等方面的知识。此外，新兴国际化企业需要将国际化知识转化为企业经营管理中的程序和惯例，逐步将其转变为企业的能力。通过国际化知识的掌握，新兴国际化企业可以对开展国际化经营的资源进行配置，而在不断配置中不断进行“试错”式学习，从而提高自身的能力，并在长期实践中总结经验结果，以便在经营中获得生存与发展所需要的能力和优势。

第二节 国际化知识研究

本节将介绍国际化知识的相关研究，将探讨国际化知识研究的现状，并将借鉴以往研究的做法将国际化知识分为三个类别，并对每种类别进行探讨与解释。

一、国际化知识的研究现状

Kogut 和 Zander（1992）提出企业是一个社会社区，可以创造知识，并以知识为基础的视角，进行国际商务研究。起初，这一研究是用来帮助研究者理解，尤其是跨国企业如何进行国际化发展，实现国际化成长的策略；进而，这一研究被用于分析跨国合作公司如何制定战略，提高国际化绩效的（如 Tsang，Nguyen 和 Erramilli，2004）。国际化知识是企业组织的一种特定知识，要求企业组织在学习过程中，从一个国家到另一个国家进行有效获取与转移。本章将整合资源基础观（Resource - Based View，RBV）和知识基础观（Knowledge - Based View，KBV）的相关研究，从学习、知识整合角度探讨国际化知识的形成、获取与利用，我们将在以往研究的基础上，理解国际化知识的作用以及如何使用国际化知识。

在早期有关国际化进程的研究中，研究者主要聚焦企业如何通过独立的运营，或者市场的拓展以获取特定的市场知识（Johanson 和 Vahlne，1977，1990）。国际化进程理论也认识到企业有能力将知识进行跨国转移、扩散与传播，能够促进企业的成长于发展（Johanson 和 Vahlne，1977，p. 28）。Eriksson 等（1997，p. 345）随后指出公司的国际化运作模式，是企公司获取特有的国际化知识的重要方式。企业的RBV概念也认为企业的知识资源是企业赢得竞争优势的潜在基础和资源，能够促进企业能力的提升，并提高效率及效益（Barney，1991a；Peteraf，1993；Wernerfelt，1984）。因此，国际化知识是具有重要价值的资源，是企业实施国际化战略，获取国际竞争优势的必须与宝贵资产（Grant，1996）。

然而，国际化知识是企业重要的战略资源。在Barney（1991b）对RBV的阐述中，认为国际化知识是企业为应对市场竞争而必须拥有的资源，是企业罕有的（很少企业拥有它）、难以模仿的、不可替代的战略资源。而企业还需要有能力却是将知识资源，通过某种特定的方式整合成企业所需要的具体能力，其中企业的这种资源和能力才是其他企业难以模仿的（Dyer和Singh，1998）。因此，企业通过获取、配置和利用国际化知识，还必须将其与现有知识资源相融合，整合现有资源和新开发的资源（Grant，1996），进而将其嵌入到企业组织之中（Barney，Wright和Ketchin，2001）。企业需要不断学习，从所处的环境中获取国际化知识，并将国际化知识转化为对市场机会的识别，才能发挥国际化知识的价值（Cui，Griffith和Cavusgil，2005）。这是一条具有路径依赖性质的学习顺序，当企业发展所需要的资源成为一种独特的，能够嵌入到特定发展历程中，才能体现并增加资源得罕有性、难以模仿性和不可替代性（Collis，1994）。

在追求可持续的竞争优势的同时，企业需要有能力不断获得、吸收并更新知识资源（Amit和Schoemaker，1993；Collis，1994；Prahalad和Hamel，1990），而企业需要有较强的能够获取、开发并管理知识的能力，进而将其转化为企业获取竞争优势的来源（Dierickx和Cool，1989；Teece、Pisano和Shuen，1997）。正如Barney（1991b，p. 98）所认为的那样：相比其他竞争对手，企业拥有组织严密、具有丰富经验的管理团队是罕有的，其他企业难以模仿的；因为他们具有社会复杂性，具有不完全的可模仿型；如果具有组织严密和丰富经验的管理团队，企业可以形成嵌入式的信息处理系统，将新开发的知识资源不断融入现有体系之中，以积累知识储备，而这套信息处理系统则是企业能够获得竞争优势的关键所在，是其他组织难以模仿的，是一套难以替代的处理系统。

在国际市场中，这些获取、加工、处理、利用知识资源的能力，是企业能够通过资源获取持续竞争优势的重要体现（Grant，1996；Teece，Pisano 和 Shuen，1997）。这些能力是企业高阶“Higher - order”的组织能力，能够促使国际企业改变其商业模式和战略，进而能够利用国际知识制定相应的策略，持续提高企业的绩效（Autio，Sapienza 和 Almeida，2000；Sapienza 等，2006；Winter，2003）。

在国际营销文献中，越来越多的文献都在强调以知识为基础的管理是国际化企业成功的关键（Cui，Griffith 和 Cavusgil，2005；Nguyen 和 Barrett，2006；Roth 等，2009）。研究者对国际化知识有多种定义，有研究这将其定义为：国际化知识是有关国际化一般性的经验知识（Blomstermo 等，2004，p. 358）。这种知识是国际企业进行营销运营中构建的国际化知识与经验，并且是可以在不同市场进行转移的（Madsen 和 Servais，1997），在有关国际化进程的研究中，国际化知识的价值作用已经得到广泛认可（Welch 和 Luostarinen，1988）。

实证研究结果表明国际化知识是企业进行国际化成功的重要支柱（Barkema，Bell 和 Penning，1996；Delios 和 Beamish，1999；Eriksson 等，1997；Erikson、Majkgård 和 Sharma，2000；Fletcher，2009；Forsgren，2002；Prashantham 和 Young，2011；Zahra，Ireland 和 Hitt，2000）。通过评估、提升有关成功所需要的资源及能力，国际化企业可以通过开发国际化知识拓展业务与发展，进而超越国内的竞争对手（Almeida，Song 和 Grant，2002；Knight 和 Liesch，2002；Prashantham 和 Young，2011；Roth 等，2009），以实现有意的国际市场绩效（Barkema 等，1996；Barkema 和 Vermeulen，1998；Blomstermo 等，2004；Delios 和 Beamish，1998）。然而，现有研究更多是关注发达国家的跨国企业如何在新兴市场获取相关国际化知识资源，较少关注新兴国际化企业如何在发达国家及新兴市场中获取国际化知识（Awate，Larsen 和 Mudambi，2014）。因此，本书期望通过案例分析探讨新兴国际化企业为何需要，从何处获取、如何获取、何时需要何种类型的国际化知识，以便发现新兴国际化企业所具有的特性和一般性。

二、国际化知识的类别

在国际营销和国际化进程研究领域中，国际化知识可以分为市场进入类、本土化类和国际企业类三种。在某种程度上，每种类别的国际化知识均能帮助国际企业获得可持续的竞争优势。

（一）市场进入类的国际化知识

在国际化情境中，企业需要意识到不同的国家、机构和企业运行受多种因素的影响，而要想成为成功的国际企业，需要认真思考并面对这些新领域（Fletcher，Harris 和 Richey Jr，2013）。在国际化进程研究领域，市场进入类的国际化知识是企业进入新的国际市场的必要资源（Madsen 和 Servais，1997），包括适当的进入模式等知识（Fletcher，2009；Prashantham 和 Young，2011）。为了在不熟悉的地区，获取市场知识和信息，企业需要知道如何进行以市场为导向的信息搜寻，企业需要知道他们需要搜寻何种信息，哪儿能够获得这些信息，以及他们如何找到这些信息（Fletcher，Harris 和 Richey Jr，2013）。Eriksson 等（1997，p. 358）认为：国际化经验知识是关于企业如何在当地市场学习相关的程序和管理，是企业进入特定市场前期所要具备的先验知识。

另外，至关重要的是企业需要了解不同国家市场的差异（Chetty，Eriksson 和 Lindberg，2006）。Cavusgil（1988，p. 105）提出“跨文化知识”（cross - cultural knowledge）是企业开展国际业务的核心知识，这类知识包括理解不同国家中的文化差异、道德价值观、语言、谈判绩效、决策风格和组织特性等内容。

市场进入类的国际化知识是企业宝贵的知识资源，它能帮助企业降低进入一个非本国的、新的国际市场的风险（Knight 和 Liesch，2002）。此外，获取、整合市场进入类的、具有战略价值的国际化知识是非常困难的。为开发并执行市场进入战略，企业需要不断评估、整合、集成组织外部的，有关其他国别的市场专业知识，并将这些知识转化为企业内部的知识（Eriksson 等，1997；Prashantham 和 Young，2011）。企业经常需要构筑的网络来获取和评估国际化知识，并利用这些知识开发相关的营销策略（Fletcher，Harris 和 Richey Jr，2013）。对中小企业而言，在新的当地区域市场中，企业所构建的网络对其搜寻并获取相关的市场知识和信息至关重要，对企业理解当地市场特征，制定相关的营销策略具有重要影响（Madhok，1996）。同时，这种网络也是企业进行知识传递的重要工具。正如 Griffith，Zeybek 和 O' Brien（2001，p. 13）所指的那样，企业的成功发展需要良好的人际关系和合作伙伴，以便于获取、传递和利用网络中所蕴含的知识资源。知识转移是企业发展过程中一个重要的活动，是企业关系发展的重要体现。知识转移这种诀窍能够帮助企业，降低企业间合作过程中的风险，尤其是降低机会成本，特别是能够利用这种网络关系，在新的区域中进行探索、加工并利用相关的资源；同时，这种网络还可以用于评估潜在的战略合作伙伴和分销商（Prashantham 和 Young，2011；Tokman 等，2007）。通过这种方法，市场进入类国际化知识能够帮助企业收集更多真实可靠的信息与知识，帮助企业更容易与可靠的他人进行合作，而不是仅仅依靠内部化操作以实现市场进入（Madhok，1996）。

（二）本土化类的国际化知识

本土化类国际化知识主要源自环境、能力以及可行性策略方面的知识，而相关策略的开发主要是基于当地市场环境，根据当地市场的状况制定而来的（Cui，Griffith 和 Cavusgil，2005）。因而，本土化类的国际化知识包括企业有能力在国际市场上与其他企业相竞争的知识（Eriksson 等，1997），如 Cui，Griffith 和 Cavusgil（2005，p. 34）总结道：知识——最明显的是市场知识，是与客户、竞争对手、供应商和分销商等相关的市场信息，也有内部知识，如运营过程相关的技术或专业技能等。企业内外部知识或相关信息，都是其获取竞争优势的重要战略资源。经理人需要懂得如何评估本土化类的国际化知识，以便确定并获得国际商务基于，并制定出切实可行的国际化战略决策（Cui，Griffith 和 Cavusgil，2005）。

市场进入类国际化知识主要是帮助企业如何在新市场中确立自己的市场位置，而本土化类国际化知识主要是帮助企业如何在新区域、新市场中获得开发相关策略，以便获得可持续的竞争优势（Cui，Griffith 和 Cavusgil，2005；Prashantham 和 Young，2011）。因此，国际企业需要本土化类的国际化知识，以便企业能够创造合适的营销策略及战略，进而选择在多个国际市场中通过市场细分或群聚（Astley 和 Van de Ven，1983；Forsgren，2002），以适应新区域、新市场（Griffith，Zeybek 和 O´Brien，2001）。伴随着企业国际化程度的深入，本土化类的国际化知识将成为企业具有重要价值的战略资源，以便保证自身所制定出的国际化策略更为可行、有效（Fletcher，Harris 和 Richey Jr，2013）。

在新区域、新市场内，本土化类的国际化知识的开发、应用并将其实现操作化是非常困难的，这是因为本土化类国际化知识的积累主要是从本地市场中，经过系统化集成而得到的，将它转移到其他市场或区域，或者其他公司模仿这类知识是非常困难的（Prashantham 和 Young，2011；Roth 等，2009）。当外国子公司应用本土化类的国际化知识时，它们必须考虑将这种知识应用到一个不同的、新的市场中，进而开发并应用相应的营销策略是否合适（Roth 等，2009，p. 4），有时这种模仿、同构的营销策略可能无法适应新的市场环境（DiMaggio 和 Powell，1983）。尽管本土化类的国际化知识能够帮助企业适应新的市场环境，也鼓励企业在应用这类知识时，选择以往在其他区域工作时，应用曾经获取的知识开发的策略，但这种模仿或搬移需要慎重。这样一个过程，反映的是企业本土化类知识的异质性和深度整合性（Blomstermo 等，2004；Padmanabhan 和 Cho，1999）。本土化类的国际化知识企业 RBV 中一类重要的战略资源。

（三）国际企业类的国际化知识

国际企业类的国际化知识是指能够使企业有效地管理其内部组织，尤其是管理多个国家领域内的组织相关的知识。它可以帮助企业理解如何控制合作和班的行为，管理遥远地区的内部关系，并能够确保持续以及适当水平的知识转移。Cavusgil（1998）强调跨境的交易知识，其中包括产品在不同地区的适应性、国际物流、货币市场状况、跨国法律等方面的知识。当经营地区的扩展和企业规模的扩张，企业运营效率的提高，需要更加重视组织的管理与知识的获取，如自定义操作指令、外汇管理实践等方面的知识变得越来越重要（Prashantham 和 Young，2011）。

国际企业类的国际化知识主要是来自于以前或学习到的经验，这类知识可以是源自企业内部生成的，也可以是从其他企业直接获取的（Forsgren，2002）。当跨国公司业务不断扩展，经营区域不断扩大时，经理人需要将国际化知识不断进行转移并利用，尤其是业务扩展到全球范围时，国际企业类的国际化知识就变得越来越重要。当知识在内部流转发生之前，知识的可转移性是非常重要的（Fletcher，Harris 和 Richey Jr，2013；Awate，Larsen 和 Mudambi，2014；Corredoira 和 McDermott，2014）。企业需要尽可能地将一些隐性的知经验知识，转化为能够在实践操作中得到应用的显性知识，而且这些知识需要能够在已建立的和新区域间转移，进而能够在全球范围内分享（Basly，2007；Karlsen 等，2003）。这种知识转移需要恰当的，并且符合企业的内部程序（Fletcher 和 Prashantham，2011），这意味着国际企业类的国际化知识在很大程度上是具有特殊程序性的知识，是关于国际公司如何运行的知识，是具有重要价值的资源（Hadley 和 Wilson，2003；Wiklund 和 Shepherd，2003）。因此，国际企业类的国际化知识不仅仅因为其稀缺、难以被复制或模仿，而被称之为是一种有价值的资源，更主要的是这种资源是企业战略竞争优势的来源（Lee 等，2008）。

只有将知识应用到管理实践中，才能体现出知识的价值和有用性，企业必须协调知识与其他资源，通过吸收知识并将其嵌入到现有的和新建的组织结构与程序之中，以便知识资源与其他资源共同促进企业的进步与发展（Blomstermo，Eriksson 和 Sharma，2004；Eriksson 等，1997；Johanson 和 Vahlne，2009；Lee 等，2008）。然而，这项工作却是非常具有挑战性的，许多企业难以整合新开发的知识资源和已有资源，以及难以将新开发的知识嵌入到已有的组织结构与程序中，导致企业在深度国际化道路上失败。例如，在国际经营过程中，仅仅知道信贷控制程序是不够的，企业还需要在内部（国际范围内）建立系统的信用风险管理体系，以避免过度暴露在信用风险下。为了实现管理的有效性，企业必须制定相应的程序，并将这些程序嵌入到报表系统中，并且这些程序还需要会计及商业人员的理解与遵守（Kogut 和 Zander，1996）。企业能力的强度最终取决于且来源与企业范围内的知识资源，以及这些知识资源能够在不同区域和部门间的人员中共享的程度（Burt，1997；Lee 等，2008；Tsang，Nguyen 和 Erramilli，2004；Uzzi，1997）。

总而言之，在现有的国际营销和国际化进程研究中，以往研究中主要是凸显三种类型的国际化知识，并且为我们提供了三种知识的具体定义及内涵（见表 3.1）。市场进入类的国际化知识一般都是关注于企业如何开发并实施市场进入策略，以便进入新的区域和市场，例如，在每个区域中，如何获得市场专用的市场进入知识。本土化类的国际化知识主要关注于在如何成功进入到某一市场，并通过企业能力和与其匹配的策略，成功地在当地获取竞争优势和市场机遇。国际企业类的国际化知识主要关注于企业如何通过有效的组织结构和管理，进而将由多个本土市场构成的企业，转变成为一个国际化企业。国际企业类的国际化知识是一种高介的、复杂的关系资源，而如何将这些知识在管理实践中得到有效地实施，才能形成高质量的动态能力。

在过去三十年的研究中，研究者已经关注于国际化知识的概念开发以及实证研究，而本书主要关注国际企业所需要的、不同类型的国际化知识。因此，我们检验：（1）为什么在国际化进程中需要不同类型的国际化知识；（2）新兴国际企业的经理从何处获得这些类别的国际化知识；（3）新兴国际化企业如何获取这些国际化知识；（4）在国际化的不同阶段，新兴国际化企业需要何种国际化知识。

表 2.2 国际化知识的分类

知识类型	解释
国际化知识类	如何从事国际化经营的一般化知识
市场进入类	企业如何进入新市场以及制定市场进入决策相关的国际化知识
本土化类	获取竞争优势的知识，主要需要评估必要的和可用的能力以制定竞争策略，并在新区域内实施合适的竞争/合作策略
国际企业类	有关国际企业组织如何设置内部组织结构和业务流程等，以提升业务绩效相关的国际化知识

资料来源：本书根据 Fletcher，Harris 和 Richey Jr（2013）整理而得。

第三节　市场适应性与相关能力研究

在本节中，我们将介绍并综述市场适应性、市场学习能力、知识整合能力和市场动荡性等变量的相关研究，以便在后续研究中进行文献评述。

一、市场适应性

（一）企业适应性概念与内涵

“适应”和“适应性”最早属于生物学范畴内的术语，“适应”是指生物的形态结构和生理功能或者性状与环境相适应的现象，“适应性”是指在自然选择的压力下，生物通过自身遗传赋予其的生存潜力和性能（张亚娟，2009）。随着企业竞争环境的动荡，适应性的概念被引用到企业管理研究领域中，学者们用“适应性”的概念作为衡量企业生存能力的重要指标。组织适应性正是组织调整自身的战略及管理系统以适应环境变化的学习与变革能力（Carley，1997；Korn 等，1996；吕鸿江、刘洪、陶厚永，2007），而缺乏适应性的组织就没有能力适应新的环境，因此也就无法生存。

环境适应观强调，组织生存与发展的前提就是适应环境（Duncan，1972；Anderson 和 Tushman，2001），把组织内外的各种因素都作为环境变量，强调环境的变化驱动组织适应性的形成，环境的不同内容和特征决定组织适应性的不同性质（吕鸿江、刘洪、陶厚永，2007；吕鸿江、程明、刘洪，2012）。学者主要围绕影响组织适应性的环境内容、环境特征对组织适应性的影响关系。环境适应观对环境内容的讨论，导致了对组织适应性的不同认识。

环境适应观的学者对影响组织适应性的环境特征进行了探索。他们大多认为，环境不确定性是决定组织与环境间适应关系的一个重要特征（Duncan，1972；Anderson 和 Tushman，2001）。学者们把环境的不确定性按简单——复杂维度和静态——动态维度进行划分（Duncan，1972），有学者把环境不确定性看作组织环境中存在的机会或问题复杂性及变化率的不确定性，并借助实证分析考察了它们与组织的关系（Tung，1979），而一些学者则把其他一些因素作为影响组织适应性的环境特征（吕鸿江、刘洪、陶厚永，2007；吕鸿江、程明、刘洪，2012）。环境的异质性可以使环境产生无法预测的快速变化（Tushman 等，1985），也可使市场、供应商、顾客等发生迅速变化（Hambrick 等，1987），还能影响企业为实现成长而愿意承受风险的程度，并决定企业能否成功地选择产品或服务的实施策略（Miller，1982；Hambrick，1987；吕鸿江、刘洪、陶厚永，2007；吕鸿江、程明、刘洪，2012）。

（二）企业适应性的相关研究领域

目前，适应性概念已经在战略管理、组织理论、系统管理、企业生态、营销管理等多个领域和视角得到了广泛的应用，其中应用最为广泛的是组织、战略和营销领域。

表 2.3　企业适应性概念在各个领域中的应用

领域	视角	释义	作者年份
组织领域	学习视角	组织适应过程的中心问题是探索新可能性与利用旧确定性之间的关系，组织的长期生存依赖它在从事足够的利用以确保当前生存力（viability）的同时，将足够的精力投入探索中以确保未来的生存力	March（1991）
		组织适应性是一种组织拥有的学习与变革的能力，不具有适应性的组织即不能适应新的环境就不能生存	Chowdhury（2004）
	匹配视角	组织适应性是文化、环境和技术等背景条件的匹配，而适应性是组织生存的基础	Drazin 和 Van（1985）
		组织适应性是组织的环境与结构对环境变化的响应程度	Jennings 和 Seaman（1994）
		组织适应性是组织结构、组织战略与商业环境的匹配	Kim 和 Pae（2007）

续表

领域 视角	释义	作者年份
战略领域	战略适应性是组织持续地整合新观点以保持组织运行的有效性和强有力的战略位置，强调组织的演化与适应，以及与外部环境的平衡和创造性	Rosemary 和 Skordoulis（2004）
	战略适应性是组织整合、协同设备、技术、资源、管理能力、供应链等应对环境变化的能力，这种观点强调的是组织对其内外部资源、能力的协调与整合	Phillips 和 Gregory，（2006）
营销领域	在国际营销中采用当地适应性，即企业选择当地适应性营销战略是着眼于满足各个国家当地市场所特有的需要	Fisher（1984）
	市场适应性是指企业能够感知并把握潜在的市场机遇	Benner 和 Tushman（2003）

资料来源：本书整理。

1. 组织适应性的相关研究

对环境变化的适应性一直是企业组织理论研究中的核心主题（Ginsberg 和 Buchholtz，1990；Hrebiniak 和 Joyce，1985）。组织适应性学者们认为任何经济组织的管理问题都涉及了对变化的适应（Wiiialnson，1991），对“组织适应”问题最直接的研究则来自组织理论学者（Lewin 等，1999）。传统意义上的“适应性”被描述为逐渐的、持续的、渐进的适应于环境变化的过程（Tushman 和 Romanelli，1985；Miller 和 Friesen，1980）。管理者通过审视环境去发现机会和威胁，并适当地调整组织结构，从而表明组织是可以主动地适应环境的（Chakravarthy，1982；Jennings 和 Seaman，1994；Sorenson，2003；Tuominen 等，2004；Takli，2007）。

2. 战略适应性相关研究

战略适应观从战略形成与组织适应关系的角度，对组织适应性进行了分析，强调战略在驱动组织适应性形成与发展的过程中所起的重要作用，也关注适应性战略在组织与环境相互作用过程中的形成与动态发展。Chandler（1962）认为企业战略的基点是适应环境，应该使企业通过确定外部环境中的机会与威胁，来实现与环境的适应与协同，企业战略本质上是企业组织适应环境以及由此而产生的组织内部结构变革的过程，能保证企业组织的长期生存和成长，而基于适应的战略管理能使企业组织更好地适应环境（Chakravarthy，1982）。随着战略适应观的发展，越来越多的学者认识到应该从环境决定和战略选择的视角来探索驱动组织适应性形成与发展的因素。

3. 国际营销适应性研究

在国际营销的研究和应用过程中，一直存在有关标准化和适应性的争论（Jain，1989；Whitelock 和 Pimblett，1997）。Perlmutter（1969）建议在国际营销中采用全球导向的战略，这种全球导向的战略实质上意味着全球标准化战略。与采用全球标准化战略相反，支持在国际营销中采用当地适应性方法的人认为，企业选择当地适应性营销战略是着眼于满足各个国家当地市场所特有的需要（胡左浩，2002）。采取当地适应性战略的企业注重发挥当地分支机构的积极性和创造性，捕捉当地市场的市场机会，发现当地市场消费者的特有需求，定制营销组合来满足当地消费者的需求（Buzzell，1968；Fisher，1984；胡左浩，2002）。

国际营销适应性战略必要性的提出是建立在对标准化营销战略批判的基础上的。Douglas 和 Wind（1987）指出了标准化战略假设基础的缺陷，认为标准化战略只注重各国市场之间的差相似性，而忽视了各国市场存在的差异性，而随着竞争环境的不断恶化，差异性的细分市场往往具有更大的收益潜力；标准化战略能够降低产品成本，然而却无法满足差异性的顾客需求，许多顾客对产品价格并不敏感，如果企业的生产系统和战略制定具有一定的柔性，相信成本与差异化也可以兼得。

4. 市场适应性研究

目前，市场适应性的相关研究也得到了学者们的广泛关注。市场适应性是指企业能够感知并把握潜在的市场机遇（Chakravarthy 1982；Hooley 等，1992；Miles 和 Snow 1978），这被认为是国际企业最理想的生存状态（Chakravarthy 1982）。海外市场适应性是指企业通过开发适宜的营销战略，塑造自身在海外市场独特形象的过程。市场适应性涉及企业能够对市场信号、潜在的市场机遇与威胁以及对收集到信息做出应对（Homburg 等，2007；Homburg 和 Pflesser，2000），同时国际市场适应性也体现在企业的国际营销的战略柔性上，适应性企业能够获得内部资源柔性以及资源分配柔性（Benner 和 Tushman，2003）。Benner 和 Tushman（2003）的研究更进一步，探讨了国际市场适应性的测量问题，他们利用市场反应性与绩效来衡量市场适应性。而对新兴国际化企业，其市场适应性还应该包括进入国际市场初期，其营销举措还应该适应当地市场，以便能够在当地市场实现生存与发展。

二、市场学习能力

现有文献中关于市场学习能力并没有完全统一的表述，Day（1994）等研究者将企业的市场学习能力视为企业营销能力中的一部分，即根据企业收集到的知识信息，解读外部市场环境的变化，提高自身应对市场环境变幻的能力，以便对环境变化做出回应，能够为顾客创造价值，从而帮助企业提高市场绩效。Vorhies（1998）认为企业的市场学习能力是企业面对相对市场需求、技术变化、竞争变幻等市场环境，对知识、技术和资源等多个方面进行综合运用的能力，这种能力有利于企业提升产品和服务价值，适应市场环境，利用市场机会和应对竞争的威胁。

研究者认为企业的市场学习能力也是营销能力的一种，这种能力是企业学习市场环境，通过市场学习，加深并应对市场环境变化（张瑞金，1999）。这种市场学习能力，可以帮助企业提高开拓市场的意识及其能力，能够帮助企业提高自己的产品与服务，能够帮助企业构建营销网络，提高产品和价格的竞争力，促进企业运用市场信息、知识等资源，提高企业调配营销资源、安排营销活动的效率和效果。

研究者根据不同的理论视角，对企业的市场学习能力有不同的认识。有研究者以 4P 理论为视角，认为企业的市场学习能力包括学习客户需求、学习产品设计、产品分销、销售策略、顾客管理等方面，以便更好地满足顾客需要的能力，也有利于企业在市场中获得更好地学习。基于知识论来解释企业的市场学习能力研究，也起源于对市场知识的管理，通过对市场的了解和学习，就能够运用市场知识，解决应企业在市场中遇到的一些问题（梁永琼，2011）。Vorhies 和 Yarbrough（1998）根据 Day（1994）和 Grant（1996）的观点，将企业的营销能力分为 4 个层级 13 个维度，包括营销技能开发、广告、人员推销、促销、定价、营销计划、新产品/服务开发、公共关系、客户关系、成本缩减、客户服务、内部协调和沟通、政府和管理机构关系（梁永琼，2011）。而这些主要是企业具体营销能力的表现，而企业的市场学习能力是一种高阶的企业能力，这种能力能够帮助企业提高具体的营销能力。Vorhies 和 Morgan（2005）认为企业的市场学习能力可以提高自身的营销策划、新产品研发、定价、渠道管理、销售、营销沟通、市场信息管理、营销执行 8 个方面，而正是这些方面以及它们之间的相互作用，最终影响企业整体的经营绩效（梁永琼，2011）。

此外，有研究者将企业的营销能力划分为 3 个层面：营销文化、营销战略和营销运营，而这些都与企业的市场学习能力相关（刘璞，2007）；也有研究者将企业营销能力分为：营销文化、营销沟通、新产品开发、营销研究以及营销战略与执行 5 个维度（梁永琼，2011；焦晓波，2008），这都与企业市场学习能力相关。故本研究认为市场学习能力是企业对顾客的现有需求和欲望进行了解，对未来需求或新市场份额发展进行预测的能力（Day，1994；Slater 和 Narver，1995；Jay，2003；梁永琼，2011）。市场学习能力除了包含对市场信息的感知外，还包括对其它相关信息的传递、归纳总结、更新以及集成（Jay，2003；梁永琼，2011），一般包括市场认知能力、顾客认知能力和竞争认知能力等，这些都是企业市场学习能力的表现（周寄中，2002；王庆喜，2004；梁永琼，2011）。周寄中（2002）、王庆喜（2004）和刘璞（2007）还制定了企业“市场学习能力测量量表”，共 6 个条目（梁永琼，2011），分别是：我们企业收集市场变动信息的频率很高；我们企业通过市场信息可以找到创新理念的程度很高；我们企业对市场细分的了解程度很高；我们企业对竞争者的了解程度高；我们企业把顾客和竞争者信息集成到创新中的程度高；对不成功的市场调研项目的总结并将受到的教训在公司广泛沟通以促进改进的程度高。

随着研究者对企业市场学习能力的关注，越来越多的学者开始细化并深入研究企业的这种能力。例如，Roberts 和 Palmer（2012）则通过案例研究分析，开发出了企业内在的市场学习能力（Visceral Market Learning Capability），并探讨这种市场学习能力对其开发新产品的影响。因为从市场中进行学习，知识的转移与扩散，企业有目的地吸收知识信息（Leonard - Barton，1995），可以帮助其提升开发新产品的能力。然而，企业市场学习能力是一个相对复杂、抽象的一种能力，企业需要了解顾客的需求，倾听顾客的心声，了解市场竞争动态和技术发展动向，才能更好地做出开发何种新产品的决策（Smith，2007）。企业内在的市场学习能力是一种内隐式的能力，它能够使企业通过市场感知发现市场中产品的新趋势，进而帮助企业洞悉市场发展趋势，并通过直接客户和间接客户的卷入，组建项目团队，采用合理的方法及保障流程，以便创造性地解决问题（Roberts 和 Palmer，2012）。同时，企业还需要在这个过程中善于讲故事，绩效项目团队成员的积极性。紧接着，企业通过合作专家、客户和功能性专家的加入，帮助企业进行知识分析与转移，进而企业进行跨部门/跨团队的学习，最终实现项目创新，开发出新产品，以供应给客户（Roberts 和 Palmer，2012）。在企业内在市场学习能力对其新产品开发的影响过程中，市场学习能力是将内在隐性知识转化为外在的显性知识，以便将知识资源在企业中得到应用（Roberts 和 Palmer，2012），市场学习能力可以有效提高企业新产品开发的效率和效果。

三、知识整合能力

“知识整合”（Knowledge Integration）是近期研究中的热点问题（如魏江、徐蕾，2014；周健明、陈明、刘云枫，2014；李久平、姜大鹏、王涛，2013；Basaglia 等，2010；Yu 和 Ravichandran，2015）。通过总结知识整合（能力）相关的实证研究（见表 2.4），本研究发现：知识整合通常被认为是“以知识组织方法为指导，以数据整合、信息整合为基础，以知识组织

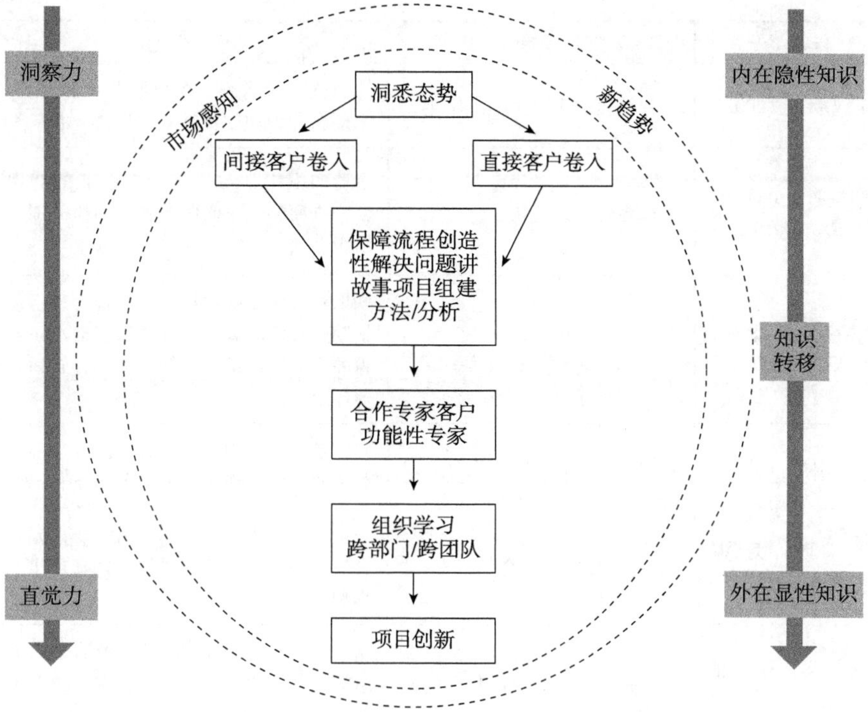

图 2.1 企业内在的市场学习能力对其新产品开发的影响

资料来源：Roberts, D. L. 和 Palmer, R.. Developing a Visceral Market Learning Capability for New Product Development [J]. International Journal of Market Research, 2012, 54 (2): 199 - 220.

体系为支撑，组织资源知识结构中概念及概念关系的一种整合方式"，它通常包括内部整合和外部整合（陈明、周健明，2009）。良好的知识整合能力能够促进知识在组织之间和组织内部交互传递过程中外部化和内在化效率的提升。

表 2.4 知识整合（能力）相关的实证研究

作者年份	知识整合（能力）维度	主要观点
谢洪明、吴隆增（2006）	社会化、系统化、合作化	技术知识特征通过知识整合能力和知识整合机制，以便达到知识整合的效果
谢洪明、王成、王琪（2006）	社会化、系统化、合作化	内部社会资本和组织文化对知识整合均有显著的直接正向影响

续表

作者年份	知识整合（能力）维度	主要观点
谢洪明等（2007）	社会化、系统化、合作化	知识整合（能力）在企业的学习导向与技术创新、管理创新间，均起完全中介作用
谢洪明、吴隆增、王成（2007）	社会化、系统化、合作化	企业的组织学习正向影响企业的知识整合，进而影响正向影响企业的核心能力和组织绩效
季成、朱晓明、任荣明（2007）	知识冲突、知识识别、知识转移、知识融合	知识整合价值链包括知识整合管理活动和辅助整合活动。知识整合管理活动包括知识冲突、知识识别、知识转移、知识融合等环节
柯江林等（2007）	知识整合也就是知识整合能力	知识整合在知识分享与其团队效能间起显著正向的中介作用，完全和部分中介作用
谢洪明、吴溯、王现彪（2008）	社会化能力、合作能力	知识整合能力中的合作能力需要以知识整合效果为中介，才能对技术创新产生正向影响
詹勇飞、和金生（2009）	情境整合、界面整合	基于知识整合的知识网络由整合能力和网络能力共同决定，能够帮助企业提升动态能力
陈明、周健明（2009）	人员交流、团队交流、程序交流	知识整合机制包括人员交流、团队交流和程序交流，均对企业间知识转移绩效产生显著的正向直接影响
蒋天颖、张一青、王俊江（2009）	系统化能力、社会化能力、合作能力	战略领导行为并不直接影响知识整合，而是通过学习导向间接地影响知识整合能力；学习导向和知识整合能力在战略领导行为与组织创新绩效之间起重要的中介作用
熊焰、李杰义（2011）	团队知识整合	信任在情感性社会网络密度和网络非中心度对知识整合的作用中起完全的中介作用
潘文安（2012）	内部、外部	将知识整合能力作为中介变量，分析关系强度对知识转移的影响
晋琳琳、李德煌（2012）	社会化、合作化	知识整合在团队中知识交流与共享间，起显著正向的中介作用

续表

作者年份	知识整合（能力）维度	主要观点
李贞、杨洪涛（2012）	社会化、系统化、合作化	知识整合在科技型中小企业的吸收能力与其创新绩效间起完全中介；知识整合在科技型中小企业的关系学习与其创新绩效间其部分中介作用
魏江、徐蕾（2014）	互补性知识整合、辅助性知识整合	本地与超本地两类网络的功能整合和知识整合是促进集群企业创新能力跃迁的必要条件
周健明、陈明、刘云枫（2014）	外部知识整合、内部知识整合	企业经验惯性对新产品开发绩效产生显著的正向直接影响效果，还分别通过外部知识整合以及内部知识整合两个中间变量，分别对新产品开发绩效产生显著的正向间接影响效果；内外部知识整合，均对企业新产品开发绩效产生显著的正向直接影响

资料来源：本书整理。

（一）知识整合的定义

所谓整合，是指从整体的角度出发，依据一定的目的需要、理念设计，把不同实践要素按照合理的活动程序、配置比例，将各种片段或分散的对象元素或单元再建构，使之具有可以发挥功能的总体性能。此处不再建构的意义不是分析概念下的“分解/结合”的简单合成或综合，而是提升至另一种可以和谐运作的机制，使各部分性能的意相容、适应、互动及配合（任皓、邓三鸿，2002）。故将整合的概念引入知识管理中来，进行知识整合的研究，具有非常重要的意义。

在知识管理过程中，知识库的知识是各类知识的集合体，而新知识常常是成碎片的、不清楚的、有多种解释的并且是通过组织广泛散布的。知识整合就是运用科学的方法对不同来源、不同层次、不同结构、不容内容的知识进行综合和继承，实施再建构，使单一知识、零散知识、新旧知识、显性知识和隐性知识经过整合提升形成新的知识体系（任皓、邓三鸿，2002）。知识整合对一个企业或个人来讲，绝不是现有知识的简单相加，而是一个知识创新的过程。只有经过真正意义上的知识整合，企业才能进行实质上的知识管理（任皓、邓三鸿，2002）。知识整合最关键的是系统整合和优化。

（二）知识整合的内涵

知识整合对更新组织的知识非常关键。知识整合的体系结构是一个开放式结构，与外界存在广泛的交流与接触。换句话说，就是既不排斥各方面的新知识，也不留恋过时无用的旧知识。知识的整合符合我们对世界如何运作的基本理解。世界是在不断运动的，一个企业或个人的知识也是在不断发生变化的。知识在不断地被新的事件所检验、挑战和修正（任皓、邓三鸿，2002）。知识整合是一个复杂的过程，需要挖掘企业内部的各种知识以及知识之间的相互联系和动态关系。知识整合的鲜明特征是知识要素与实践要素的整合，是认知中的实践整合，实践中的认识整合，是一个动态的过程，不能将知识整合堪称是思维领域内各种认知能力的整合，知识整合的过程实质上就是知识创新的过程（任皓、邓三鸿，2002）。

企业的吸收能力使不同的组织同化于复制外界新知识的能力有所差异（Cohen 和 Levinthal，1990）。企业的吸收能力越强，对外界环境的经营掌握能力也就越强，就越有机会把竞争对手的外溢知识引进企业内部（李贞、洪涛，2012）。面对经济国际化、市场全球化、技术进步加快的大环境，企业尤其是科技型中小企业需要不断地引进外部有用的新知识来增强其技术创新能力（李贞、杨洪涛，2012）。而引进企业内部的新知识则必须通过整合融入现有的知识结构中才能发挥作用（陈力、鲁若愚，2003）。知识整合就是将不同的知识进行融合、转换、集成的过程（李贞、杨洪涛，2012）。组织欲强化本身的能力，除积极吸收外界信息外，还要有整合知识的能力（Garud 和 Nayyar，1994）。在许多情况下，企业仅仅吸收利用能力来扩大对外界知识的获取并不能创造出持续的竞争优势，而必须要通过知识整合来弥补吸收能力的缺失（李贞、杨洪涛，2012）。

(三) 知识整合能力

研究者从不同的视角分析了知识整合能力所要包含的维度。例如，Boer 等（1991）认为，知识整合能力是系统化能力、协作化能力、社会能力三种能力的综合；知识整合能力是企业综合运用其现有的知识与所获取的知识的能力（Kogut 和 Zander，1992）。Boer 等（1991）、Kogut 和 Zander（1992）和 Teece 等（1997）认为知识整合能力是三种能力的综合：系统化能力，指生产作业遵循标准化的程度；社会化能力，指企业文化、价值和信念的推动将隐性知识整合成新知识的能力；协作化能力，指组织内成员与内外部单位或团体彼此支持将显性复杂或隐性知识整合成新知识的能力。知识整合只有达到这三方面能力的提升，才能增进整合的效果。研究表明，知识整合的系统化能力、社会化能力、协作化能力的提升都与特定的技术知识的特质密切相关，不同的技术知识特性对知识整合三方面能力的提升的影响是不同的（Tushman 和 Anderson，1986；林文宝，2001）。

此外，也有研究者将知识整合能力分为内部整合能力和外部整合能力（周健明、陈明、刘云枫，2014）。在外部知识整合研究方面，Iansiti 和 Clark（1994）认为外部知识整合主要是通过对外部技术和顾客知识进行整合从而获得产品开发所需知识，即外部知识整合可以分为：技术整合和顾客整合。而 Leonard - Barton（1995）则认为，知识整合是指当企业发现它所需的重要策略性资产不能从内部获得时，企业就必须从外部获取知识的一种行为。因此，知识整合要求企业必须拥有较强的知识学习和吸收能力。内部知识整合研究方面，Iansiti 和 Clark（1994）认为，所谓内部知识整合是对组织内不同职能部门之间知识做广泛协调整合的行为。Boer 等（1999）则强调文化价值的统一，认为内部知识整合是企业内部为强化企业文化、价值的一致性，以及工作效率与系统运作所作的一切协调运作。而 Nonaka 等（2000）则从知识整合过程观点出发，认为内部知识整合是组织将内部创造的知识，经由个人、团队层面分享后，再由组织进一步整合、构建和使用的过程。因为从外部获取的知识，只有经过内部整合与消化，才能增进新产品商业化的过程。

知识整合能力从整合方向和机制的角度来看，整合效果的优劣，常常视其整合的范围、弹性和效率而定（周健明、陈明、刘云枫，2014；方世杰、郑仲兴，2001；林文宝，2001）。近期研究者开始关注于企业具体的知识整合能力，如 IT 知识整合能力等（Basaglia 等，2010；Yu 和 Ravichandran，2015），知识整合能力的研究开始进一步细化、深入。

四、市场动荡性

（一）环境动荡性的内涵

环境的不确定性一直是管理学者关注的要点，本研究关注的市场动荡性是环境不确定性的核心来源之一。匹配理论认为，企业战略对绩效影响作用会受到环境因素的影响（Siggelkow，2002；Drazin 和 Van de Ven，1985；Hannan 和 Freeman，1989；Yang 和 Li，2011）。企业需要嵌入到宏观、行业和企业内部环境之中（Varadarajan 等，1999；Miller，1992）开展经营。在战略与营销管理研究中，环境动荡性主要包括市场和技术动荡两个方面（Jaworski 和 Kohli，1993），两个变量也是企业营销最为关键的两个领域。然而，对新兴国际化企业而言，技术动荡性未必是其需要面对的严峻挑战，而在国际及海外市场中开展经营，企业会更为关注于市场环境。因此，本书将深入探讨市场动荡性在新兴国际化企业对其市场适应性的影响。

环境不确定性是解释企业行为的关键变量（March 和 Simon，1958）。企业的战略行为和结果都是嵌入在市场环境当中的（Porac 和 Rosa，1996）。环境因素不仅涉及企业战略和实施情境，还会影响企业资源获取和资源配置的过程，影响企业的绩效。现有研究对环境因素在“战略－绩效”过程中的影响作用已经有了很多。在相对动荡的环境下，企业更加依赖开发新产品以维持竞争优势，而在相对平稳的市场中，则更有可能寻求采用调整产品或服务的方式服务于顾客需求（Desarbo 等，2005）。在动荡的市场环境下，企业很难预知战略决策的为企业带来的成果，也使企业很难预判其他环境要素，对企业战略决策所做出的反应。

环境动荡性是指“环境对组织临时性的扰乱，而这种扰乱的发生难以预测、对组织具有破坏性并且通常是有害的影响”（Meyer，1982），它强调对环境的制度化假设，以及揭示制度化实践、技术、组织形式和产出之间不可预期的关系，环境动荡性能够为组织、管制者、投资者、顾客等带来危机，并产生与预期完全相反的结果（Sine 和 David，2003；冯军政，2012；刘森，2014）。

（二）环境动荡性的分类

环境分为内部环境和外部环境（Duncan，1972），内部环境是组织范围之内的相关实体及社会因素包括组织结构、组织文化、人力资源配置等；外部环境则是组织范围之外的相关实体及社会因素，由消费者、供应商、竞争者、社会政策因素及技术等构成（李大元，2008；李大元等，2009）。整个环境也可分为遥远型环境和任务型环境（Daft 等，1988），遥远型环境由政治/法律、经济、社会/文化和技术四个部分组成，而任务型环境是由所有与组织目标的制订和完成密切相关的因素组成，包括竞争对手、顾客和资源的供应者（姜黎辉等，2006；冯军政，2012）。

此外，也有一些学者将环境的分析单元区分为宏观环境、中观环境和微观环境（Hodge 和 Johnson，1970）、技术环境和制度环境（Meyer 和 Rowan，1983）等。新兴国际化企业需要面对的不仅仅有宏观、中观和微观环境，还有一些技术环境和制度环境，这些都是企业所要面临的市场环境。对新兴国际化企业而言，国际化经营环境所面临的不仅仅是任务环境（与组织目标设定和实现密切相关与竞争对手和管制者有关的环境），更多是遥远型环境，这种市场环境主要是外部环境，这些环境还包括一些制度环境，如社会、人口、经济、政治和国际化等要素相关的环境（Tan 和 Litschert，1994）。

（三）市场动荡性的特征

对新兴国际化企业而言，国际市场环境具有环境动荡性划分为变化性、复杂性和稀缺性特点。国际市场环境的变化性，是导致环境不确定性的主要因素，国际市场环境的变化频率、变化过程中存在较大的差异性，变化的程度以及总体变化模式多有不同。国际市场环境的复杂性，是指环境特征的异质性明显和变化范围大。国际市场环境的稀缺性是指在实现组织目标过程中，决策制定者所面临的外部竞争激烈、敌对性强烈或中立性威胁的程度很高。新兴国际化企业在国际市场中，所面临的技术环境和市场环境呈现出动态性、复杂性和不确定性。本书根据 Zhou 等（2005）、唐晓华和苏梅梅（2003）的研究，可以发现，新兴国际化企业会面临三种市场环境的动荡性：

1. 市场技术的动荡复杂

首先，在国际市场中，新兴国际化企业需要面临着新兴技术、前沿技术和先导技术的不断涌现，这会使企业必须不断更新自身的产品与技术，不过这也可以为企业技术进步与技术变革提供动力。其次，随着新兴国际化企业在国际市场中利润和市场份额的获取，也促使企业将一些新技术、新理念带入发达国家和发展中国家的市场中，这会加速技术的转移与流通，促使市场中技术的进步与变革，促使市场竞争的加剧，新兴国际化企业会更加有动力和资本研发投资新技术，并随着企业国际化的发展，开发一些适合本地化的新技术（冯军政，2012）。最后，为了适应国际市场的需求，新兴国际化企业会投入大量经费开发新技术，构建新能力，这会进一步加大国际市场的竞争激烈程度，加剧市场的动荡性。

2. 市场需求的动荡复杂

国际市场的消费者需求动荡复杂，在一些市场中产品竞争激烈且会面临严重同质化问题，而在一些市场中，市场需求消费者却是千差万别，难以有效预测。在海外市场中，不同市场区域的发展具有明显的差异性和不平衡性，加上技术、区域贸易壁垒和区域保护，会使新兴国际化企业很难采用统一的策略在各个市场开展经营，这会导致市场需求呈现多样性变化（武亚军等，2005）。在国际市场中，一些发达国家的跨国公司积累了大量的技术储备和消费族群，企业为消费者持续提供新产品、新服务，以便引领消费者需求的不断更新、变动，而新兴国际化企业需要打破这种格局，获取消费者认同与购买，要求新兴国际化企业必须不断进行突破与创新，实现追赶，以满足消费者需求的不断变动（Luo，2002；Zhou 等，2002）。

3. 市场竞争的动荡复杂

在许多海外市场中，新兴国际化企业需要进入一些竞争白热化的市场中，这些市场的结构和竞争格局很难被打破。在这些竞争激烈的市场中，不仅仅是产品技术性能的竞争，还有一些是环境、政治、文化等其他社会因素的竞争。在一些竞争激烈的市场中，企业会面临过度竞争状况、行业生产能力严重过程、产品市场转化率低下，这会使新兴国际化企业长期处于微利或亏损状态。同时，在这些市场中，经常会发生“自杀性”和“毁灭性”的价格战、广告战、商业间谍战等竞争（姜黎辉，2007）。研究发现，新兴国际化企业在海外市场，所要面临的外部竞争环境具有很强的敌对性、动态性和复杂性，这会使企业面临的环境具有高度的不确定性、动荡性、不可预见性和不可测性（李文，2013）。在这种环境下，新兴国际化企业需要有较强的未来导向性、前瞻性和风险承担性，才能有效地应对国际市场竞争的动荡复杂（冯军政，2012）。

第四节　文献述评

在本节中，本书将对现有国际化知识、市场适应性、市场学习能力、知识整合能力和市场动荡性研究进行评述。尽管一些变量的相关研究，已经取得了较为丰硕的成果，现有研究尚存在一些不足，一些领域的关键问题还未得到有效解决。通过简要评述上述的研究回顾，有助于为本研究提供重要的研究思路，并为本研究提供有效的理论依据。

一、国际化知识分类研究有待加强

现有研究已经对国际化知识的概念术语及定义有了较为清晰的解释，并对它对国际化绩效的影响有了较为深刻的理论解释。因为国际化知识包括“结构的和日常的，它能够指导企业在国际市场中搜寻经验知识，并能影响企业在国际市场中的绩效与表现（Eriksson 等，1997，p. 353），国际化知识还是企业学习能力，促进企业成功进入新市场的关键影响因素”。

在国际营销和企业国际化进程研究中，国际化知识所带来的企业能力蕴含其中，但是现有研究对国际化知识的构成框架及在实践中应用的研究依然不足，研究者期望构建国际化知识的构成框架，以便清晰明了的指导国际化知识包含什么，如何获取，从何处获取，如何获取、如何应用以及在什么时候应用。同时，在国际营销和国际化进程研究领域，学者们对国际化知识的研究依然分散，没有一个系统集成的综合框架（Fletcher，Harris 和 Richey Jr，2013）。目前，鲜有研究关注国际化知识是如何帮助新兴国际化企业成功实现国际化发展的，他们可能还不明白，在国际市场中他们需要什么，为什么需要国际化知识，如何获取国际化知识，如何应用国际化知识，何时应用这些国际化知识，在哪个阶段应用以及需要何种特定类型的国际化知识。

鉴于此，本书将整合 RBV 和 KBV 的相关研究，探讨新兴国际化企业需要何种国际化知识，为什么需要这些国际化知识，如何获得这些国际化知识以及何时应用这些国际化知识展开探讨，分析国际企业如何进行国际化营销，通过分析国际化知识的分类及国际化进程的研究。另外，本书将国际化知识分为：市场进入知识、本土化知识和国际企业知识，我们将利用长期追踪的定性研究方法探讨，新兴国际化企业：（1）为何需要不同类型的国际化知识；（2）从何处获得这些国际化知识；（3）如何获得这些国际化知识；（4）在不同的国际化进程中，何时应用何种类别的国际化知识。通过以上分析，本书期望进一步深化国际化知识研究。

二、市场适应性的构成维度需要拓展

组织生态学的观点认为动荡环境下企业“竞争优势”的概念需要被重新定义，稳定的竞争优势不复存在，企业需要持续创新，通过不断获取短期竞争优势以提升企业的市场适应性（McGrath，2013）。不确定环境下的绩效差异来自战略地位和能力差异两个方面，竞争引发了选择和学习，那些更有能力经受竞争的企业生存了下来。相对于竞争优势、绩效等绩效指标，市场适应性的相关研究引起了学者的广泛关注（Julien 和 Lisa，2012；Benner 和 Tushman，2003），但相关研究还有待深化。

研究者基于不同的研究视角提出了营销适应性、市场反应性、组织适应性等不同概念，但这些研究对市场适应性的内涵和测量维度还没有形成一致的观点。王睿智（2015）认为未来研究应进一步提炼并完善市场适应性的测量指标体系，并将其作为衡量企业生存和发展的重要绩效指标，市场反应性和市场绩效作为企业市场适应性的测量维度显然是不完善的，还可以将营销适应性维度纳入其中。由于企业能力在整合、分配、获取和释放内外部资源方面，具有重要作用，未来的研究应该更加聚焦于揭示企业的知识资源、企业能力对其市场适应性的影响。

三、市场学习能力的界定需要更为清晰

目前，尽管已经有研究者提出来了市场学习能力的测量量表，但市场学习能力概念依旧不是很清晰，一些研究者将其视为营销能力的一部分，而另一些学者则将其视为较具体营销能力更为高阶的、抽象的企业能力（如 Day，1994；Slater 和 Narver，1995；Jay，2003；周寄中，2002；王庆喜，2004；梁永琼，2011）。现有关于市场学习能力的文献也在逐渐增加，研究者对这一概念的关于与探讨逐步深入，已经从探讨概念本身，逐步转变为探讨该概念应该包含何种维度，企业又有何种具体类别的市场学习能力（如 Roberts 和 Palmer，2012）。

在未来研究中，研究者首先需要对企业的市场学习能力加以清晰界定，以便适合企业所在的市场或领域。其次，在确定企业市场学习能力概念的基础上，研究者可以借鉴以往研究中的测量量表，并对这些测量量表进行修订，以便制定出适合自身研究的量表。在此，未来研究还可以增加有关市场学习能力的定量研究，以便深入探讨这一概念在研究中的机理及发挥的作用。最后，未来研究，还需要深入探讨企业市场学习能力构成类别或包含的维度，以便更为准确地研究这一概念。

四、知识整合能力的维度需要明确

在有关知识整合的研究中，研究者主要将企业的知识整合能力当作自变量或中介变量，主要将从知识抽象的角度探讨知识是如何被整合的，而忽视了企业知识整合活动所包含的举措。尽管一些研究已经根据知识整合的机制，将知识整合能力分为三个维度，并在研究中得到广泛应用（如 Grant，1996；魏江、徐蕾，2014；周健明、陈明、刘云枫，2014；李久平、姜大鹏、王涛，2013），但这一概念忽视了企业知识整合活动的差异，

并且没有将企业知识整合能力的具体表现体现出来。一些研究已经关注到现有研究的缺陷，并且开始探讨企业的知识整合活动，但尚不处于研究的主流位置（如季成、朱晓明、任荣明，2007）。

总体而言，在知识管理研究领域，企业组织的知识整合及知识整合能力已经受到广泛的关注，但对知识整合及能力本身的研究相对匮乏，在探讨知识整合能力对企业市场绩效、智力资本以及何种因素影响企业的知识整合及其能力的研究相对有限，缺乏对知识整合活动及其本身问题的深入研究。尽管有许多研究是关于企业知识整合能力的实证研究，但这些研究并未深入分析企业知识整合活动本身；研究者主要关注的是“整合”本身应该包含何种内容，进行探讨知识整合，而没有深入分析企业知识整合所涉及的活动。目前，就知识整合能力而言，虽然已有研究提出相关概念，但彼此间的界定不一致，缺乏系统而且较为深入的研究，探讨企业知识整合能力所应包含的具体活动及维度的研究相对匮乏，后续研究依旧需要深入探讨知识整合能力的内涵、维度、实现路径及包含的活动等内容，依旧需要探讨其中所蕴含的机制。

五、市场动荡性的角色变化需要关注

在营销研究领域中，企业所处环境的动荡性经常被用以分析对其绩效的影响。在现有研究中，研究者主要关注企业环境动荡性（技术动荡性和市场动荡性）在企业能力、资源、战略与绩效间作为调节作用使用，也有研究直接将企业所处环境动荡性作为自变量进行研究。然而，现有研究往往忽视了，企业所处市场环境和企业面对的环境动荡性是非常多变的，企业应对市场环境变化的能力也在不断变化。企业所处的市场竞争环境、客户需求、技术发展等方面不断变动，尤其是在企业不同的发展阶段，企业所处的市场环境有时起主导作用，而有时却起辅助作用。

尽管现有研究中，有关市场动荡性的研究非常丰富，有的作为调节变量，有的作为主效应进行分析，但未来研究需要考虑的是在纵向追踪式研究中，企业组织所处的市场环境经常会发生变化，随着企业实力的变动，市场环境的动荡其作用会发生转变，现有文献还缺乏对这一问题的关注。例如，在企业发展的不同阶段，市场环境的变化不仅影响企业市场适应性，还会影响企业战略决策的制定与实施；在企业不同的发展阶段，市场需求、技术发展和竞争态势的变动，会作用于企业的营销策略、经营模式选择等方面，这些都会对企业的绩效和适应性产生影响。因此，未来研究需要更加关注市场动荡性角色，在企业不同发展阶段中的作用，以便更为清晰地了解企业运营的内在机制。

第三章 探索性案例研究

在新兴国际化企业的发展过程中，获取国际化的相关知识起到重要的作用，而现有国际化营销文献中，研究这对国际化知识的完整理解及分类依然处于探索阶段（Fletcher，Harris 和 Richey Jr，2013）。本章将借鉴 Fletcher，Harris 和 Richey Jr（2013）构建的国际化知识框架，即将国际化知识分为市场进入类、本土化类和国际企业类，并采用纵向、多案例研究方法分析新兴国际化企业：（1）为何需要这些类别的国际化知识；（2）从何处获取这些国际化知识；（3）如何获取这些国际化知识；（4）在国际化成长过程中，何时需要何种类型的国际化知识。由于国际化知识对新兴国际化企业的国际化发展至关重要，为此研究者为管理者提出并总结了多项实践措施和建议，以便新兴国际化企业能够获取相关的国际化知识，并恰如其分的利用这些知识。本章将为后续的假设提出、实证测量及分析作为铺垫。

第一节　研究方法

本节将介绍为何选择案例研究，案例企业的选择，新兴国际化企业的国际化阶段的划分，并探讨数据收集方法及过程，数的信度和效度以及分析过程等。

一、案例方法的选择

本书采用探索性多案例研究方法，以便分析、比较。首先，本研究旨在回答新兴国际化企业为何需要国际化知识、获取何种类型的国际化知识、如何获取这些不同类型的国际化知识以及如何使用这些国际化知识，属于“Why”问题的范畴（Yin，2002），并且本书研究的是新兴国际化企业的国际化历程，是一个长期的过程，适宜采用案例研究方法。其次，本研究不仅需要考察新兴国际化企业需要考察何种类型的国际化知识，还需要考察新兴国际化企业从何处获得、如何获得这些国际化知识，何时使用何种类型的国际化知识；尽管现有文献对这些方面有所论述，但探讨的深度还不够，考虑的因素还不够全面，因此需要采用探索性的案例研究来考察（陈晓萍和徐淑英，2008）。再次，由于本研究需要考察“知识整合能力”这一概念，并深入、系统地探讨该概念的维度，因此需要有较为丰富的案例材料和数据作为支撑，适宜采用多案例研究方法进行总结、归纳，以便对这一概念进行深入描述与剖析（Yin，2002），进而理解某一特定现象背后动态、复杂的机制（Eisenhardt，1989），提炼解释复杂现象的理论或规律（Eisenhardt & Graebner，2007）。最后，在遵循复制和扩展逻辑的基础上，本书采用多案例研究方法，从而使建立的理论更加精确（Eisenhardt，1991）。

二、案例企业的选择

本书的分析单元是每一个新兴国际化企业。我们首先有目的地选择一个相关的新兴国际化企业样本，这些企业都是在国际化进程之中，并且有在国际市场中获取知识（Eisenhardt，1989；Miles 和 Huberman，1994；Yin，2009）。我们首先需要研究这些企业的国际化企业的意图，并搞清楚企业中，哪些人员（如 CEO 或其他高管）驱动企业开展国际化经营。然后，我们再进入这些从事国际化业务的新兴国际化企业展开调研。

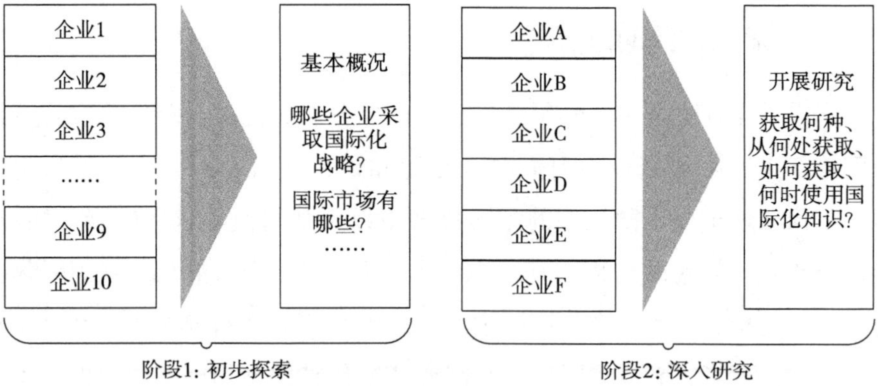

图 3.1　探索性案例研究过程

本书起初选择 10 家有国际业务和战略的新兴国际化企业作为本文的研究对象，但随后有 2 家企业放弃了国际化战略，有 2 家因为各种原因退出了本研究项目，提供的材料及数据不足以支撑本研究，故不能使用。最终，经过 2 年时间的持续追踪，本研究筛选出这 6 家符合本研究主题的企业进行数据收集与案例分析，6 家案例企业的数量，符合以往多案例研究对研究设计所提出的建议（Eisenhardt，1989；Miles 和 Huberman，1994）。此外，为了保护这些企业的机密和信息，我们隐去了案例企业的名称（Hutchinson 等，2007）。

表 3.1　案例企业的基本概况

企业	概况
A	天津 A 公司是迄今为止中国最大的专业化生产汽车同步器和相关传动产品的民营企业。公司总资产 7 亿元，企业占地 400 余亩，员工总数 1600 余人，其中工程管理人员 150 人，高级工程师 10 人，公司拥有国家级技术中心，有强大的高新技术人才平台，拥有 180 余名专业技术人员，从事汽车传动领域研发工作，能够和用户同步开发系列产品，引领市场发展。A 公司产品覆盖车型包括轿车、微型车、轻型车、中型车、重型卡车、低速汽车等各种车型的手动、自动同步器、行星排产品等，A 集团旗下的同步科技股份公司客户遍及国内外，如德国奔驰、HA、哥特拉克、菲亚特、吉玛、博格华纳、意大利卡拉罗、日本爱信、洋马等世界知名企业已经成为 A 公司的主流客户群，产品出口额逐年递增。2014 年出口产品实现销售收入 5750 万元，国际客户以北美和欧洲为主
B	B 公司位于天津静海的团泊湖畔、团泊新城区和天津静海经济技术开发区高档金属制品工业园区，京沪、唐津、津汕高速公路交汇处。公司创办于 1992 年，经过二十年的发展，拥有总资产十亿元人民币，占地面积 800 余亩；员工 2400 多人，拥有 13 家下属企业；拥有六大系列产品，主营产品金属丝、绳及其延伸制品制造，年生产能力达 40 万吨，是全国最大的低碳钢丝产品生产企业之一。B 公司拥有天津市市级技术研发中心，技术装备达到国内最先进水平，部分设备达到世界先进水平。累计开发研制了 20 多项精品。先后主导参与编制了 11 项国家行业标准，申请了 15 项国家专利，填补了多项技术空白，相继开展和通过了 ISO9001、韩国 KS、日本 JIS、澳大利亚、船级社、TS16949 等多项质量管理体系认证，是天津市“科技型企业”和天津市“节水型企业”；B 公司产品 50% 左右出口到国外市场
C	C 是一家集产品研发、生产、销售、服务为一体的私营企业。前身为 C 公司，创建于 1984 年，2004 年成立 C 集团，下设进出口公司、内销公司、科技发展公司和三个生产型公司，主营复合材料专用梯、挤胶枪装修工具、园林园艺工具、伸缩杆等七大系列产品。产品 90% 销往国外。客户遍布世界五大洲 120 多个国家和地区，达到 882 个。经过多年的市场开发，与众多海外专业客户建立了长期的合作关系，产品主要面向北美、欧洲、亚洲等地区。近年来，随着产品线的不断完善，中南美洲和非洲市场的增长迅速。目前，C 集团已经成为国内最大的专业梯具和挤胶枪产品的生产制造及出口厂家，占有美国市场 40% 以上的市场份额
D	D 集团是预应力钢材行业集科技研发、产品制造、销售服务、国际贸易于一体的大型联合机构，F 集团由 5 个国内公司、1 个研发中心和 2 个国际公司组成。D 公司是专业生产预应力钢丝、预应力钢棒、预应力钢绞线、无粘结预应力钢绞线全系列预应力钢材的金属制品企业，是全球同行业中最大的优秀制造商之一。从企业成立至今，D 集团获得 25 项新产品、新技术，先后申请了 20 项国家专利，多次获得国家和省、部级技术发明奖励，其中，螺旋肋钢丝、PCCP 管用钢丝等填补了国内空白，产品获得了中国 ISO9002、挪威、韩国、德国、瑞典、英国、马来西亚、澳大利亚等多个国家质量体系及产品质量的认证。目前，企业产品涵盖了光面、刻痕预应力钢丝、PCCP 管用钢丝、螺旋肋预应力钢丝、预应力钢绞线、无粘结预应力钢棒等 140 多个规格品种；规模产能增加到目前的 45 万吨。D 公司的产品出口国从 33 个扩大到 64 个，以每年 10 万吨以上的出口数量跃居全球同行业最大生产企业

续表

企业	概况
E	E 创立于 1997 年，是一家拥有自主知识产权核心技术的股份制高科技企业，专注于锂离子蓄电池的技术研发、生产和经营；现具有 5 亿 Ah 锂离子电池的年生产能力，产品囊括了圆形、方型、聚合物电池、动力电池、光伏、超级电容器六大系列几百个型号，应用范围涵盖了个人电子消费产品、电动工具、交通运输和储能等领域。E 是迄今国内投资规模最大、技术水平最高的锂离子电池生产企业，市场份额稳居全球前五，成为中国锂电的代表性品牌。公司注册资本 12.5 亿元人民币，总资产 60 亿元人民币。通过不断的技术创新，E 的产品性能和质量已达到世界一流水平，并顺利通过了 ISO9001：2000 版国际质量体系认证、CE 认证、UL 认证以及 ISO14001 环境管理体系认证等。目前，E 的营销网络覆盖了欧洲、北美、亚洲等国家和地区，客户既包括苹果、三星、摩托罗拉、LG、戴尔、惠普、诺基亚、TTI、SBDK、Valence、沃达丰等国际巨头，也包括联想、华为、中兴、TCL 等国内的行业领导者，物流中心遍布世界各地，80% 的产品出口
F	天津 F 公司是一家生产油田钻井、修井、车装钻机和修井机的民营企业，成立于 2004 年，公司是一家集设计、制造、安装、调试和技术服务于一体、致力于石油钻采设备新技术、新产品和新工艺研究、开发和推广的股份制公司。公司实行集团建制，有六大公司，拥有六大生产基地、十大国内油田服务站和十五个海外销售分公司，总公司占地面积 800 余亩，建筑面积 28.6 万平方米，生产面积 25.5 万平方米，在职员工 1500 余人，是中国北方石油建设产业链上最重要的石油机械生产企业。公司主导产品包括 1000 米～4000 米车装钻机、1000 米～4000 米拖挂钻机、20 吨～225 吨陆上修井机、3000 米～7000 米电动钻机等 4 大系列、30 多个品种。产品远销到俄罗斯、美国、苏丹、乌克兰、哈萨克斯坦、印度尼西亚、哥伦比亚、巴西、沙特伊朗等 30 多个国家和地区，公司具有完善的售后服务网络体系，在国内外建立了 20 多个驻外分支机构和服务站点，提供全方位快速、及时的设备维修配件保障及员工培训服务

资料来源：本书整理。

三、国际化阶段的划分

本书所使用的案例企业，在国际化经营阶段方面存在差异。本书遵循 Coviello（2006）基于时间序列对新兴国际化企业获取国际化知识进行分析，并根据 Kazanjian（1988）实证研究中有关企业成长阶段的划分，以识别企业在不同阶段对国际化知识的需求，并将国际企业获取国际化知识的阶段划分为：阶段 1：概念开发阶段；阶段 2：商业化阶段；阶段 3：成长阶段；阶段 4：稳定获利阶段。

Coviello（2006，p. 718）认为该模型是关于分析创业的演变，对识别创业过程的边界有了较为清晰的时间界定，这对识别企业发展的历程划分非常有用。本书认为这个模型对于我们的研究具有重要的借鉴意义，非常适用于描述以技术为基础的企业发展，因为它既符合企业的发展历程，也符合实证研究对阶段的划分。在 Kazanjian（1988）提出的框架中，所有案例企业均已经超出了阶段 1，图 3.2 展现了案例企业的国际化发展阶段及状况。

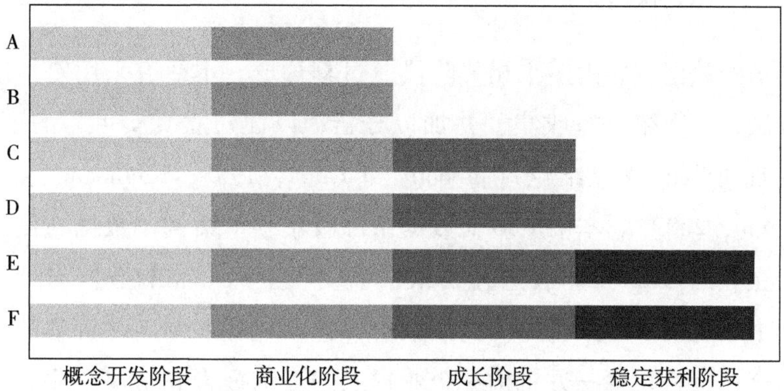

图 3.2　案例企业的国际化发展阶段

企业 A 和 B 处于第二个阶段，即商业化阶段，此时这两家企业刚刚进入海外市场，还没开始大规模地在海外建立销售渠道，以拓展销售业务；尽管产品出口比重较高，但主要依靠自身或代理，将产品直接或者间接出口给海外客户。企业 C 和 D 已经将自己的商品投放到海外市场，并且正处于第三阶段，即成长阶段，已经在海外市场建立了组织结构，如分公司、销售公司等，以便推动国际销售业务的不断发展，促进企业在海外市场的不断成长壮大。企业 E 和 F 处于第四阶段，即稳定获利阶段，这一阶段两家企业都已经在国际市场中开展运营，旗下已经有 10～15 家左右的海外销售公司为客户提供产品和服务，它们在国际市场的业务已经得到稳定发展，销售收入、利润不断增长。企业 E 更关注国际市场业务的发展，企业 F 则是关注国内和国际市场业务的共同发展。目前，企业 E 和企业 F 已经开展国际化运营，其旗下组织已经能够获得稳定的利润与收益。在本书中，企业 A、

B 是更倾向资金密集型的制造企业；企业 C 和 D 是中等技术密集型的企业，需要使用新技术，开发新工艺和新产品；企业 E 属于高技术密集型企业；企业 F 既属于资金密集型，又属于高技术密集型制造企业。

四、数据收集与分析

（一）数据收集

本书的数据收集由多个相关阶段及过程构成。本研究采用定性的案例研究方法，对数据进行收集，并加以分析，以便建立真实可靠的证据链，进而发现可靠的研究结论（Lincoln 和 Guba，1985；Kaufmann 和 Denk，2011；Yin，2009）。本书从多个数据来源收集多个案例的数据与信息，并对各个企业的 CEO 等高管进行访谈，以便收集到可靠的数据与信息。同时，本书还收集了每家企业的档案数据，包括经理人制定并管理的国际化项目的企业资料，第三方机构为企业提供的咨询报告和每家企业的行动计划等。本研究还记录并转录了与国际化项目的负责人（经理）的面对面访谈资料，并电话访谈了多个分区经理。同时，本书还对企业的会议和企业向媒体发布的报告进行了记录并录音，以记录企业的活动，通过连续数月的数据收集，逐渐形成了连续性的数据资料，以检验并验证 CEO 所提供的数据是否真实可靠。最后，我们创建了一个由可以追踪的档案资料和半结构化访谈数据所构成的数据库，以便探索并解决被访者不能确定的问题，或提供数据资料产生的偏差（Harris，2000；Yin，2009）。

表 3.2　数据收集与分析

步骤	任务	细节
阶段 1		
1	资料收集与分析	搜集政府发布、出版和私人的数据，进行三角验证
2	第一轮访谈项目经理	初步访谈 6 个项目的 12 个区域经理，每月与项目经理进行邮件或电话沟通，探寻并追踪 CEO 部署的任务和强调的问题，以及经理们如何解决

续表

步骤	任务	细节
3	第一轮访谈 CEO	半结构式访谈，6 家企业的 CEO，每次约 60 分钟
4	数据编码与分析	使用 NVivo 数据分析软件，对所收集的数据归纳编码
阶段 2		
5	第二轮访谈 CEO	半结构式访谈，6 家企业的 CEO，每次约 60 分钟
6	第二轮访谈项目经理	每月与项目经理进行邮件或电话沟通
7	数据编码与分析	使用 NVivo 数据分析软件，对所收集的数据归纳编码
阶段 3		
8	第三轮访谈 CEO	半结构式访谈，6 家企业的 CEO，每次约 60 分钟
9	第三轮访谈项目经理	每月与项目经理进行
10	迭代代码开发	对所收集的数据进行归纳编码

资料来源：本书根据数据收集与分析过程整理而得。

本书的访谈（记录和转录）共进行了三个阶段（约 1 年半时间）。第一阶段，研究者与每家案例企业的 CEO 及高级管理者进行了深度访谈，并深入了解了各个企业所实施的国际化战略。本书将与企业高管的访谈资料，作为重要的研究数据的来源，因为他们是企业国际化战略决策的制定者和实施者。在第一轮访谈中，本书主要收集企业过去和现在的国际化活动、计划、战略、竞争地位、内外部障碍和促进因素。我们使用 NVivo 数据分析软件对数据进行编码，以便将资料分成几个大类（Sinkovics，Penz 和 Ghauri，2008），分析企业在国际化过程中面临的问题，以及企业所处的背景。

在第二阶段的访谈中，我们再次访谈各个企业，以便分析这些企业的国际化进程。在 6 家企业中，有 1 家企业更换了新的海外公司的项目经理，信任经理是已经参与了企业的国际化经营。案例研究企业出现的这种紧急情况（Fletcher 和 Plakoyiannaki，2011；Piekkari、Welch 和 Paavilainen，2009），也促使我们更多地关注这家企业，以便提高研究的有效性。我们重点分析了企业在实施国际化战略过程中遇到的问题和议题。此外，我们还记录了项目经理所提供的数据资料，以便将其作为一个重要的数据来源，进而实现数据的三角验证。

第三阶段的访谈中，我们更关注 CEO 等高管需要何种组织学习，如何获取国际化知识。经过持续追踪，被访者逐渐识别并确认他们在国际化过程中所面临的问题，以及所需要的知识。被访者也已经不断探索新的知识，以及他们需要何种知识，在哪儿能够获得这些知识。为了进行三角验证，我们每月与项目经理进行邮件或电话沟通以便收集相关信息，同时还会收集公开发布的信息、出版资料、政府机构的档案记录等。因此，通过纵向的长期追踪，本书采用多案例研究方法以增强数据的内部效度、实时性和准确性，进而实现各个案例企业的数据实现模式匹配，符合事实语境（Leonard－Barton，1990；Welch 等，2011；Yin，2009）。

（二）信度与效度

本研究使用过程导向的研究方法（Pettigrew，1992；Van de Ven，1992；Van de Ven 和 Engleman，2004）以调查不同类型的国际化知识在新兴国际化企业的国际化进程中的不同作用。本研究遵照 Pettigrew（1990）和 Yin（2009）所提出的方法，采用定性的多案例研究方法，并向企业及相关人员询问“为什么、在哪儿、如何获得和什么时候应用”等问题，以便获取本书所需要的国际化研究数据。本书考察多家企业得同时，不仅是为了获得足够的数据，实现数据的饱和，以便帮助本文得出具有概括性的理论（Eisenhardt，1989；Eisenhardt 和 Graebner，2007；Yin，2009），还为了获得相关企业的背景状况，以便能够真实、全面地反映企业所遇到的经营环境及状况（Welch 等，2011）。

本研究将采用演绎与归纳相结合的方法对所收集的数据进行分析（Glaser 和 Strauss，1967；Strauss 和 Corbin，1994），以便发现本文的研究结论。正如前文所提到的，在以往有关国际化进程和国际营销研究中，有关国际化知识的基础理论主要是把国际化的知识资源划分为 3 种类型。我们用归纳的方法去解释为什么、在什么地方以及什么时候企业需要何种类别的知识，这些都是以往文献所不曾研究的，也不受先验预期所限制的（Harris，2000；Suddaby，2006）。我们基于国际营销文献，对国际化知识的类别进行了重新定义（Kaufmann 和 Denk，2011），并使用案例内分析方法确保研究结果对企业背景（如模式、国际化阶段、特殊行业等）的灵敏度，以确保研究的效度；本书采用跨案例分析方法，识别主题与模式（Miles 和 Huberman，1994；Yin，2009），以确保研究的信度。

（三）数据分析

针对本书的研究问题，我们对访谈 CEO 等高管所收获的数据进行编码分析，分析企业面临的问题以及如何解决的，企业需要的数据，以及获取这些国际化知识的来源（Eisenhardt，1989；Kaufmann 和 Denk，2011）。我们通过将基本的现象做标签，进而将这些标签组合成子类，进而将其归纳成更高水平的国际化知识类别，以及这些知识的来源以及他们在哪个国际化阶段中使用这些知识。根据 Miles 和 Huberman（1994）提出的方法，本书将 3 轮的数据，进行不断迭代分析编码，特别是对 3 类国际化知识的划分及在国际化阶段中，企业对这些知识的需求与获取，以便提供更为完善、科学合理的解释。然后，本书基于国际营销和国际化进程文献的相关研究（Roth 等，2009），并通过跨案例分析，对国际化知识类别、获取和合适使用进行分析。

第二节　研究发现

我们下一步将根据数据资料呈现本文的研究发现，并探讨为什么企业需要不同类型的国际化知识，进而提供具体的证据加以证明。最后，我们还会在“讨论”部分展现本书的发现。

一、为何需要国际化知识

（一）市场进入类的国际化知识

表3.3给出了案例企业所需要的国际化知识，以及为什么需要这种知识。不同于市场知识，市场进入类的国际化知识主要是从企业视角来看所需要的知识，而不是针对特定市场的知识。市场进入类国际化知识包括企业实现市场进入的不同方式，以及企业的这种方式如何适应其特定情况方面的知识。市场进入类的国际化知识还包括企业评估并与当地合作伙伴建立关系、达成协议方面所需要的知识。

表 3.3　案例企业所需要的市场进入类国际化知识

市场进入类	为何需要这类国际化知识
进入海外新市场的方式	公司已经进入欧洲市场，与德国奔驰等大型企业公司达成战略合作，为其提供同步器产品；目前，正在与美国汽车厂商进行洽谈，希望能够成为通用、福特的供应商。(企业 A) 企业进入澳大利亚、日本等市场，并了解这些市场的特点及所需要的产品，正在寻求进入北美市场。(企业 B) 公司借助合作伙伴的销售渠道成功进入美国市场，在俄罗斯、墨西哥等国家进行直接投资，建立了组装工厂。(企业 C) 公司在亚洲、欧洲都已经打开市场，在英国、德国、澳大利亚等国家的销售状况良好，公司目前正在开拓美洲市场。(企业 D) 公司产品已经进入几十个国家，正在寻求在欧美等市场份额的扩大。(企业 E) 公司在海外建立 20 多个分公司或者服务机构，正在往中东等地区扩展，准备进入沙特、伊朗等市场（企业 F）
与海外合作伙伴建立关系	公司与奔驰、菲亚特、吉玛、博格华纳、卡拉罗、爱信、洋马等世界知名企业成为合作伙伴，计划借助这些合作伙伴的供应网络销售同步器。(企业 A) 公司在德国等国家，创新产品替代了原有的一些产品，创造了新需求，开拓了欧亚地区新的客户，并与德国的客户达成了战略合作协议。(企业 B) 公司通过获取美国、日本、韩国、欧洲等主要市场的产品资格认证，进而与海外合作伙伴建立合作关系。(企业 C) D 公司借助分销商多年积累的客户，并重新设计了分销网络。(企业 D) 企业与苹果、三星等客户建立物联网系统，大家共同分享物流信息，及时为这些客户提供优质产品。(企业 E) 企业将俄罗斯、美国等大型石油钻探公司作为主要客户进行发掘，与这些公司建立战略合作伙伴关系，为其提供石油钻探设备（企业 F）
新市场运营所需的法律知识	企业收集了大量有关欧美市场各个国家的法律、法规知识，并重点搜寻了产品认证相关的知识，以便客户没有知识产权方面的风险顾虑。(企业 A) 在欧盟市场上应力钢丝因反倾销不能使用，但企业获得的德国认证证书，可以让欧盟的企业在欧盟地理范围之外的国际市场（如沙特等中东市场）使用银龙的产品。(企业 B) 公司借助合作伙伴收集美国、欧盟市场的法律法规知识，并依靠自身能力收集了俄罗斯和墨西哥有关 FDI 方面的法律规定。(企业 C) 企业不仅会搜集目标客户所在市场的法律法规，还曾借助雇佣的美国律师团队，积极应诉美国对进口中国镀锌钢丝产品进行的“双反”调查，不仅打赢了这场战役，而且将产品远销美国、欧盟等市场。(企业 D) 公司搜集目标市场的法律法规，并且特别关注目标市场专利申请相关的流程、法律法规等内容，以便在海外市场建立分公司，销售产品、服务客户。(企业 E) 企业关注如何在俄罗斯、美国、乌克兰等 20 多个国家和地区设置分子公司，收集了大量的法律法规，以便更好地适应当地市场环境（企业 F）

资料来源：本书整理。

在研究期间，6 家企业都采用了与企业以往有所不同的市场进入方式，进入海外市场。企业 A 和 B 二者均进入到欧美等国家的市场，企业 B 开始进军中东等国家；2 家企业主要是从原来的间接出口变为直接出口，并借助合作伙伴的销售渠道及分销网络，搜集各个市场的信息，以便了解客户对产品的需求情况，以及发现的问题等。通过市场进入类国际化知识的搜集，2 家企业在不同的市场选择了不同的进入模式，企业 A 选择在美国市场直接与汽车制造企业对接，选择在欧洲市场与汽车零配件供应商洽谈业务，进而供货给汽车企业及消费者；企业 B 则是选择为日、韩企业直接供货，进而分销，在澳大利亚等市场则是选择直接与钢丝使用企业对接。2 家企业需要在新地区与新伙伴建立合作关系。

在研究期间，企业 C 和 D 逐渐改变原有直接、间接出口类的海外市场进入模式，开始在海外进行直接投资，2 家企业开始搜集如何在目标市场建立海外子分公司，搜集了相关的法律法规，并与以往客户沟通，了解进行直接投资需要注意的事项等；企业 C 主要关注在墨西哥、俄罗斯市场知识的搜集，进而建立分公司，企业 D 主要是要与合作伙伴建立更为密切的关系，为此选择建立分公司，构建分销和服务网络。通过国际知识、资料的收集，2 家都进入了新的市场或与客户达成战略合作。

在研究期间，企业 E 和 F 不仅关注于如何在新的国际市场中获取相关的法律法规，还关注目标市场的特点、特征，分销和服务网络，并且特别关注于如何在这些市场中申请专利，以便在这些地区建设分公司或申请专利，避免或降低客户和自身的法律风险。企业 E 和 F 与客户达成协议，并进入他们选择的市场。作为一个以技术为基础的商业企业，企业 E 担心与潜在的海外制造商合作，其知识产权可能会丧失。因此，企业 E 获取了大量市场进入类的国际化知识，主要包括与商业合作伙伴相关的法律，国际生产中要承担的责任等，企业通过了 UL 等一系列国际认证。企业 F 则是收集了大量有关俄罗斯、乌克兰、美国市场的知识及信息，在上述市场建立了新的分公司，以便将自身的产品交付给客户使用，并为客户提供技术服务；同时，为避免不必要的质量和知识产权风险，企业先后通过了

ISO9001：2008 国际质量体系认证，拥有美国石油学会 API spec4F、7K 会标使用权，通过俄罗斯 GOST 及 RTN 认证，具有世界制造厂识别代号证书，取得了 HSE 认证证书等。

总的来说，本书发现当新兴国际化企业进入国际市场时，他们往往需要学习一种以往不曾使用的市场进入模式，而学习并使用这种模式需要企业掌握市场进入类国际化知识，因为当他们进入一个新市场时，需要采用一种新的方式开展业务与工作，而这种方式、方法以往的知识资源可能无法满足其需求。因此，新兴国际化企业需要获取市场进入类国际化知识。

（二）本土化类的国际化知识

表 3.4 给出了被访案例企业所需要的本土化类国际化知识。数据显示，案例企业需要开发并定制其商业模式，以及构建供应链组织和营销服务网络，以便在国际市场中开展竞争。由于企业 A 和 B 刚刚开始国际化道路，还没进入到深入本土化阶段，因此，它们在这一阶段对本土化类国际化知识的需求较弱；而企业 C、D、E 和 F 则是需要大量的本土化类国际化知识，以便在国际市场中实行其国际化战略。

表 3.4　案例企业所需要的本土化类国际化知识

本土化类国际化知识	为何需要这类国际化知识
开发合适的商业模式	企业不知道如何开发一个适合当地市场的商业模式，开始与家得宝等渠道商合作，然后逐渐了解当地市场后，开发一系列的梯具、园林工具等，使得企业收益大为增加。（企业 C） 企业开始着力开发优质的钢丝产品，满足欧美等 60 多个国家的高端客户对钢丝的需求，直接与客户对接。（企业 D） 企业主要开发高端锂电池，率先抢占欧美日韩中等高端市场，然后再将产品转移至低端市场，以获取研发高端锂电池的收益。（企业 E） 企业为一些主要的大客户提供解决方案，为小客户提供标准化的服务，以便在国际竞争中占据有利位置（企业 F）

续表

本土化类国际化知识	为何需要这类国际化知识
适应海外市场的模式	企业开发了多型适应欧美消费者使用的梯具、园林工具，并与日韩等企业展开竞争，迅速占领了北美20%以上的市场；在墨西哥企业选择独资经营，在俄罗斯企业选择与合作伙伴成立合资企业，共同开发当地市场。（企业C） 企业在市场较为稳定成熟的地区，主要是自己组建销售公司与销售网络，在相对不够成熟的地区或市场，则是选择与当地合作伙伴或分销商，代理商合作，将产品交由这些企业来经营销售。公司组建了多支由欧美人构成的营销团队。（企业D） 企业采取了与以往不同的商业模式，无论是研发、试制、生产，还是营销，都采用项目导向型的方式赢取中高端客户。（企业E） 企业在海外市场为客户提供优质的产品，外加优质的服务，与竞争对手展开项目竞争；企业还在一些市场采用特许经营方式（企业F）
建立国际供应链组织	企业成立了专门的供应部门，保证产品的交付期限。（企业C） 公司与国际物流公司合作，将产品运至保税区即可，并在海外市场构建了供应链网络。（企业D） 公司在韩国、日本成了专门的采购部门，与当地知名的公司开展合作，采购其产品配件及材料。（企业E） 公司在俄罗斯、美国、日本等地都建立了采购和服务部门，并且在国内也有一些供应商，以便为客户提供合适的备件（企业F）
搭建营销服务网络	企业在马来西亚和日本率先开始布局自己的营销网络，借助和渠道商的合作，推广自己的产品，美国等市场处于规划之中。（企业C） 公司开始在欧盟地区构筑营销服务网络，构筑德国、挪威、法国、希腊、英国，5大营销服务中心。（企业D） 公司已经在韩国构筑了3个营销服务中心，并开始在美国构筑营销服务中心，以便向客户推广并销售自己的产品与技术服务。（企业E） 公司在苏丹、俄罗斯构筑了自己的服务网络，并开始在美国、中亚地区国家设置服务中心（企业F）

资料来源：本书整理。

企业C和D都已经开始了本土化经营。企业C的CEO认为：我们以前主要依靠家得宝这些国际零售商来运营，现在也在国外开始设置厂房，在墨西哥、俄罗斯都设置了公司和厂房，做一些简单的加工与组装工作。这样可以为客户提供更为直接、快速的服务；同时，企业可以更深入地了解客户需求，开发相应更好的产品，进而更好地服务于本地客户……我们也招募了很多当地的员工，也派驻了懂得俄罗斯语言和西班牙语的员工去当地。在墨西哥企业是进行直接投资，独资经营；在俄罗斯，企业与当地合作伙伴成立合资公司。企业D的CEO认为：我们的国际业务也在发生改变，以前主要依靠合作伙伴，借助外部的分销网络和国际客户达成协议出口，现在我们现在开始直接在海外市场，美国、意大利、韩国、日本、德国等地开始直接设置销售公司，开始直接经营。在这些地方设置的公司大都是雇佣当地的员工，让他们来销售企业产品，这样虽然成本会高一些，但利润也比以前增加很多。我们公司一直认为"让外国人去做外国人的生意，外国客户更相信本土的销售人员，让外国员工去敲开外国客户的大门"……目前，我们招募的员工主要是掌握英语和各种小语种的，让他们来做一些销售，或者派驻他们去海外市场进行一番历练。企业C和D都在海外组建了采购部门，尽管采购的数量相比国内还较少，但已经迈出了海外采购的重要一步。此外，企业C和企业D都已经开始规划并逐步搭建自己的营销服务网络了，以便更好地销售产品，并服务于客户。

在研究期间，企业E和F也有在新市场开展本土化经营，企业E主要是在越南市场，企业F则是在中东市场开展本土化经营。企业E开展的经营主要是要在越南进行直接投资，以便与三星手机等客户达成战略合作。为此，企业E成立了专门的项目团队，既有中国和越南员工，又有韩国员工。公司与三星等合作伙伴成立良好的买卖关系，并且共同建立了IT信息平台，以便分享供需和市场信息。企业F的产品由于缺乏国内市场的采购与认可，故企业一直坚持海外经营与管理，着力开展本土化经营，以便扩大业务规模。企业F在美国、俄罗斯等地采取的是直接投资，招募当地员工，进行产品设计、制造和销售。企业F在中东地区则是选择与当地的石油公司合作，大家共同组建合资公司，以便更好地适应当地市场，采取的是自己控股，给对方约40%的股份，大家共同治理企业，以便为客户提供新产品、新技术，更好地服务于战略客户等。企业E和F的这种本土化经营举措，帮助企业与许多关键客户建立了战略合作伙伴。此外，企业E和F也开始在海外市场组建本土化的研发和销售团队，招募新员工，以便获取更多优质的研发资源，销售团队则是采用适合当地市场的商业模式，以便采取合适的商业策略，满足当地特定的需求。企业E和F逐渐构建了良好的供应网络，逐步开始全球采购，以便使自己的产品和备件服务能够满足客户需求。此外，企业 E 和 F 还在国际市场上建立一支强有力的国际销售团队，先后在国外建立服务站、分公司等。以企业 F 为例，公司拥有十五个海外销售分公司，实行跟踪服务，聆听用户的心声，开拓最适合的市场，培育忠诚于公司的用户群。目前，公司产品远销到俄罗斯、美国、苏丹、乌克兰、哈萨克斯坦、乌兹别克斯坦等多个国家和地区，公司具有完善的售后服务网络体系，在国外建立了 20 多个驻外分支机构和服务站点。

总之，在研究阶段，企业 C、D、E 和 F 主要关心的是本土市场的商业模式和发展策略，它能够促进国际市场的发展；4 家企业的国际化进程进一步得到深化。此外，4 家企业都已经在国外开发了合适的商业模式，采用适应海外市场的模式，并建立国际供应链组织和营销服务网络。

（三）国际企业类的国际化知识

表 3.5 总结了案例企业所需要的国际企业类的国际化知识。五类国际企业类的国际化知识，包括新的管理结构、管理信息系统、信息分析系统、人力资源管理和项目管理方法。为帮助企业实施其国际化战略，采用新的商业模式以便销售产品，为客户提供技术服务等，企业 E 和 F 都采用了相类似的方法，收集了多种国际企业类的国际化知识，以促进企业的国际化成长。2 家企业都重构了组织的管理结构、采用了更为先进的管理信息系统、引入了专家学者以便帮助企业进行分析分析、采用了更为国际化的人力资源管理和项目管理方法，以帮助企业更好地实施国际化战略，促进企业更为稳定、快速地成长。由于企业 A、B、C 和 D 还没有深度开展国际企业经营，因此这一阶段企业 E 和 F 更关注国际企业类国际化知识的收集。

表 3.5　案例企业所需要的国际企业类国际化知识

国际企业类国际化知识	为何需要这类国际化知识
新的管理结构	企业改变原有策略，不仅只是出口产品，还在全球范围内设置分公司，布置配套的供应系统，改变了原有的组织结构……对分公司的管理措施也发生了重要变化，加大了对分公司的管理和控制力度。(企业 E) 分公司不断增多，需要提高国际管理能力，企业开始整合原有的分公司，改为设置区域公司，管理这些分公司，并整合了供应链和服务系统，以便实施新的商业模式，为客户提供解决方案（企业 F）
管理信息系统	企业调整了原有以派驻人员监控模式，改为采用覆盖范围更广的 ERP 系统，以便对分公司的经营状况、市场状况进行及时监控与管理；公司总部也能将掌握到的信息及时传递给分公司。(企业 E) 企业在海外各个主要区域建立了管理信息系统，分管并监控各个区域的经营状况与市场信息，定期将信息传递给总部，以便总部予以管控；总公司通过管控各个区域，进而分管各个企业，以便将信息、技术、知识等传递转移出去，并收集汇总各个区域的信息，以便在各个区域市场间汇集、分享、调配信息及资源，进而为客户提供快速、有效的产品与服务（企业 F）
信息分析系统	公司总部成立了市场部和信息部，以便将各个分公司传递的信息进行汇总、分析，并与公司高层商讨出合适的策略，并及时反馈给分公司。(企业 E) 公司成立了战略发展研究院，根据掌握的市场信息，分析市场动态和竞争者举措，以便指导各个区域及市场的经营策略（企业 F）
人力资源管理	公司雇用了大量的日本、韩国员工，并在美国等分公司雇用了当地人员，公司组建了人力资源部管理各个地区的人员招募与管理。(企业 E) 公司将人力资源管理权限下放至各个区域市场，让各个区域直接管理其员工，但招募计划等需要上报总部（企业 F）
项目管理方法	公司采用项目导向型的管理方法，进行产品和客户开发，并在制造、质量控制方面，也采取了多种项目管理方法……并购一些国际企业，将其改造为企业重要的项目。(企业 E) 公司在各个区域实施项目管理，项目的申请及管理由总部负责，项目的具体操作与实施由各个区域部门完成，由总部进行评估与分析，进而给予各个区域部门以反馈……采用项目管理的方法收购一些国外企业（企业 F）

资料来源：本书整理。

在研究期间，2 家企业都调整了原有的管理结构，开始采用并实施新的管理结构。以企业 E 为例，随着企业分公司数量的增多，企业越发关注分公司的管理与控制，以便企业更为有效地在国际市场中发展。以企业 F

为例，企业F整合了许多分公司，将其划归为多个市场区域，进行管理与控制，并下放一些管理权限给予各个区域部门，让其能够充分调整、配置所在区域的资源。

企业E和F，不仅采用了新的信息管理系统，还成立研究部门，或雇用了许多专家学者及相关的咨询机构，为其提供信息分析。以企业E为例，公司不仅采用了新的ERP系统，还雇用了多位专家学者，成立了研究院为自己提供研发和信息分析，以便有效掌握市场变化，为企业的国际化发展提供指导和发展方向。以企业F为例，公司成立了战略发展部门，搜集市场信息，进而开发出相应的管理及营销策略，以便更好地服务于当地市场的客户；公司还采用了更为先进的信息化管理系统，与IBM公司合作，为公司设计一套适合自身的信息管理系统。此外，企业F在技术和科研上拥有一支优秀的技术团队，技术研发有六大研究所，致力产品的研发工作，同时拥有先进的二维、三维结构分析软件，如CAD/CAPP等，在同行中具有绝对优势。

由于人才是企业发展的动力，是技术创新的源泉，因此2家企业都非常关心企业的人力资源管理。以企业E为例，作为现代化高新技术企业，公司一向倡导“人本科技”，坚持“人性化”管理，竭力为各类人才提供一展才华的广阔舞台，不仅吸纳了韩国、日本等国家的研究与设计人员，还在美国、欧盟、越南等地招募了许多营销人员；公司秉承“海纳百川，有容乃大”，愿与天下英才携手，共创世纪伟业。以企业F为例，企业认为员工是公司之本，员工素质及专业知识水平的提高就是公司财富的增长；企业不断地为员工提供培训和晋升的机会，营造公平竞争的环境和和谐的工作氛围，为充分展现个人才华打造平台，使国际员工能够轻松地融入公司的企业文化中来，并坚持提高的物质文化需求，提高了员工的自豪感和归属感。目前，公司已吸纳非中国籍员工近500余人，本科及以上学历人员占在册员工的30%以上；拥有注册建造师，注册安全工程师、中级以上专业技术和管理人员、高级工、技师、高级技师等高技能人才，形成了一支素质过硬、能征善战的人才队伍。

两家公司都采用了国际企业经常采用的项目管理方法，也会利用该方法，收购或并购一些国外企业。企业E在与苹果等大客户合作前就已经在企业内部导入项目管理方法，在赢得苹果等的客户时，项目管理方法发挥了重要的作用；研究期间，企业E先后完成了客户的16个项目。企业F从2008年开始进军国际市场，在中东、南亚、中亚和非洲的20几个国家完成了多项服务项目，在当地市场上建立了良好的信誉；企业始终秉承“开拓最适合我们的市场，培育忠诚于公司的用户群，力争取得最高的占有率”的市场发展战略，努力将企业打造成为一家专业化、信息化、现代化的具有国际市场地位与国际影响力的石油机械公司。

二、从何处获取国际化知识

表3.6描述了案例企业的高级管理者等从何处获取何种类型的国际化知识。国际化知识的主要获取来源包括经理人的直接经验、内部信息系统、外部专家咨询、外部高级聘用等。对国际类的国际化知识，新兴国际化企业往往会利用内部信息，雇佣外部专家等多种方式获得。

表3.6　案例企业所需国际企业知识的来源

来源	国际化知识		
	市场进入类	本土化类	国际企业类
内部直接经验	A、B、C、D、E、F	C、D、E、F	E、F
内部信息系统			E、F
外部专家咨询	A、B、C、D、E、F	C、D	E、F
外部高级聘用		C、D、E、F	E、F

资料来源：本书整理。

（一）市场进入类的国际化知识

为获取市场进入类的国际化知识，企业A、B、C、D、E和F都有内部经验和外部咨询。内部经验主要是由于企业内部经理或员工有海外留学经历或进入国际市场的经验，有些员工曾经从事国际贸易等方面的直接经验。以企业C为例，企业的创始人并没有海外经历或从事外贸的经验，而企业的副总经理曾经留学海外，并有在外资企业工作的经历。企业C为了发展海外市场，进军欧美等市场，需要有从事海外贸易的员工加盟，在此情境下，公司创始人雇用了有丰富经验的员工，并让其担任副总经理，将公司海外业务的拓展交由副总经理直接负责。同时，企业C曾经咨询过天津市外贸协会等单位，希望能够获得协会的帮助，以便获取进入欧美等国家市场所需要的国际知识，需要遵守何种法律法规等。此外，企业C还向有出口经历的企业学习，希望以此获取一些经验。

同样，企业A和B除了公司内有海外或者外贸经验的员工外，它们还从客户处获得了不少的外部经验知识。2家企业在于客户合作过程中，逐步转变间接出口改为直接出口，与欧美等市场的客户直接接洽，从而获得了较多的国际化知识与信息，为其出口业务的快速增长提供了支持。同时，2家企业都是天津市外贸协会的会员，并与其他出口企业建立了良好的关系，它们从其他企业处获得了大量的出口信息，为独立经营出口业务探明了出路。2家企业与天津市的一些出口企业达成了战略同盟，与国外分销商一起，共同开拓国际市场。此外，企业E和F也同样采取了类似的行为举措。

（二）本土化类的国际化知识

为获取本土化类的国际化知识，新兴国际化企业多从直接经验、外部专家咨询、聘用外部高级管理人员获取这类国际化知识。以企业D为例，企业为了在打开德国、挪威、英国、法国等欧盟国家的市场，企业除了在国内挖掘具有与欧盟国家有过外贸经验的人员补充到公司内以外，还与客户、其他企业进行了咨询，并雇用了当地的员工作为分公司的高级管理人员开拓欧盟市场。企业D还与政府驻欧盟各国的领事馆建立了良好的沟通机制，以便从领事馆下属机构获取了解本地市场的信息及状况。以企业C为例，为占领美国和欧洲市场，企业在墨西哥和俄罗斯地区建立了分公司或合资公司，组建工厂企业，雇佣当地员及高层管理者在当地开展经营。

企业 E 占领欧美市场，获取本土化类的国际知识，主要还是采用直接经验加外部专家咨询的方式。为了开拓欧盟市场，企业 E 通过外部专家咨询获取了有关产品认证等大量的信息知识，并且和当地的合作伙伴达成了重要的合作协议，双方共同开发欧洲市场。为了开拓美国市场，企业 E 除了利用自身的经验知识以外，还雇用了咨询公司帮助其设计如何在美国开战经营与规划，并且此举也得到了国家有关机构的支持。在欧美市场，企业 E 都雇用了了解当地市场和客户需求的高级管理人员。而在日本、韩国市场，企业 E 则是拥有从日韩企业发掘的人才，并未雇佣当地员工作为分公司的高级别管理者。

企业 F 在开战本土化经营过程中，为获取本土化经营相关的国际化知识时，也是采取了分公司模式，企业处使用直接经验获取知识外，还雇用了大量的当地员工作为分公司的基层员工及中高层管理者。企业 F 在开战本土化经营的过程中，下放了大量的管理权限，给予分公司开展本土经营以动力与支持。企业在欧盟各地区、俄罗斯、乌克兰、美国等地建立了分公司和服务点为客户提供及时、有效的服务，以便和竞争对手展开竞争。

（三）国际企业类的国际化知识

案例企业从多个渠道获取国际企业类的国际化知识。如表 3.7 所示，企业 E 和 F 综合运用了多种手段获取此类国际化知识，以便企业开展国际经营。以企业 E 为例，为了开展国际化经营，将自身建成具有国际影响力的新兴国际化企业，公司开始加强各地分公司的管理，构建企业的内部信息系统，以便加速知识信息在各级公司内的搜集、分析与共享。同时，企业还借助外部咨询公司、客户、大学、行业协会、政府服务部门等各方的帮助，搜集有关国际企业经营的相关知识，逐步加强自身的管理，提高自身的管理水平与能力。此外，企业 E 还雇用了具有国际企业管理经验的管理者，这些管理者在美国、日本、韩国等知名公司曾担任过要职，公司聘用他们来企业担任要职，开展国际企业经营管理。

为了将自身打造为国际企业，企业 F 不仅依靠自身经营公司的经验，管理现在的企业，还在公司内部建立信息系统，以便总公司加强对分公司的管理。企业F依靠IBM、埃森哲等过个咨询公司帮助企业打理各个区域公司的经营，帮助企业制定国际化战略；企业还依靠外部客户、合作伙伴等，帮助企业实现知识产权、许可证的保护。企业F还聘用了俄罗斯、美国、乌克兰当地的员工作为公司高管，帮助企业发展业务，或到总部就职，参与企业策略的制定等管理工作。通过一系列措施，企业F增强了对海外分子公司的管理，企业内部则是增强内部各个部门的协作，以便知识在各个部门、分公司进行流转。

企业E和F都采用新的组织结构，项目管理方法，团队管理方法，增强对分公司的管理，也使得能够获取更多、更有价值的知识信息，进而促进产品和技术创新。两家企业都采用了正式的、非正式的网络来收集、产生企业所需的国际企业经营相关的国际化知识。

本书发现市场进入类和本土化类的国际化知识来源较为相似，新兴国际化企业都会用它们积累的直接经验，并整合外部的咨询信息，也会适当雇佣一些高级管理人员进行本土化经营。新兴国际化企业也需要创造一些流程或信息系统，进行知识信息的管理，以便知识信息在各个地区进行流转输出；新兴国际化企业一般都会采用项目管理、新的组织结构来管理企业业务，并会组建项目团队等，以降低组织的惰性，让组织变得更为扁平化。通过不同国际化知识的获取，新兴国际化企业可以进入国际市场，并能够在国际市场中实现本土化经营，也能够支撑企业开展国际化经营，让企业变为更为成熟的国际企业。

三、如何获取这些国际化知识

表3.7描述了案例企业是如何获取各种类型的国际化知识。国际化知识的获取方式既包括企业内部的知识存储、学习吸收、组织整合、知识转移，也包括企业借助组织网络、个人网络和非法手段获取。

表 3.7　案例企业如何获取国际化知识

获取方式	国际化知识		
	市场进入类	本土化类	国际企业类
知识存储	C、D、E、F	E、F	
内部获取			
学习吸收	A、B、C、D、E、F	C、D、E、F	E、F
整合利用		C、D、E、F	E、F
知识转移			E、F
外部载体			
组织网络	A、B、C、D、E、F	C、D、E、F	E、F
个人网络	A、B、C、D、E、F	C、D、E、F	E
非法手段	A、B	C、D	F

资料来源：本书整理。

（一）市场进入类的国际化知识

在本书中，一些新兴国际化企业起初自身就拥有一些市场进入类的国际化知识。以企业 C、D、E 和 F 为例，4 家企业内都拥有国际化人才，有的拥有开拓某个海外市场的经验，有的则是曾经在该市场学习或生活，掌握一定的进入这个国家或地区的知识或经验。因此，在进入目标市场前，这 4 家企业已经拥有了相当多的国际化知识。

新兴国际化企业在获取市场进入类国际化知识时，主要通过学习吸收、组织网络和个人网络获取。以企业 C、D 为例，2 家企业在获取市场进入类的国际化知识时，通过组织内部的学习，搜寻所需要的国际化知识和信息，并通过企业的网络与客户、外部机构等进行交流沟通，获取目标市场的相关知识；同时，2 家企业的高级管理人员，还通过个人关系获取了大量的目标市场信息，了解当地市场状况等。以企业 E 和 F 为例，2 家企业不仅有具有经验的国际化人才，还雇佣或派驻了多名海外业务员，提前进入目标市场进行市场调研、知识搜集与学习，了解并吸收国际化知识；同时，2 家企业还向国内拥有海外经营经验的公司进行学习，以便学习掌握进入目标市场相关的国际化知识。此外，2 家企业的经理人及员工也为进入目标市场，利用了大量的个人关系获取相关知识经验。

尽管新兴国际化企业可以通过知识储备、学习吸收、组织网络和个人网络获取市场进入类的国际化知识，但也有一些新兴国际化企业通过一些非法手段获取这类知识。以企业 A 和 B 为例，2 家企业刚刚拥有国际化业务，其经营水平和业务能力相对较低，国际化知识严重不足，且有亟须市场进入类的国际化知识。为获取市场进入类的国际化知识，企业不仅仅是通过个人网络或私人关系等方式获取国际化知识，还会通过一些收买手段，从竞争对手处挖掘有价值的人员，或套取有价值的信息，以便了解这一市场的结构及主要客户、渠道等，进而获取进入海外目标市场的经验知识。而对企业 C、D、E 和 F 而言，其国际化水平相对较高，通过非法手段获取市场进入类国际化知识的行为相对较少。

（二）本土化类的国际化知识

在本研究中，一些新兴国际化企业起初自身就拥有一些本土化类的国际化知识积累。以企业 E 和 F 为例，2 家企业都在海外市场雇用了当地的员工，一些员工还担当分公司的高级管理者，这些员工能够适应本土市场，开发适合当地特点的商业模式，这些员工也会适时采用合适的海外市场经营模式，建立国际供应链组织或者与相关企业进行合作，帮助企业选择搭建营销服务网络，以便更好地开展本土化经营。

新兴国际化企业开展本土化经营，着力获取国际化知识主要是通过组织的学习吸收、整合利用、组织网络和个人网络。以企业 F 为例，为了有效地开展本土化经营，公司不仅派驻人员学习海外市场的经营，让员工参加海外市场经营培训，企业自身也会整合所收集到的国际化知识信息，找到有益企业开展本土化经营的知识，进而制定合适的商业模式和海外经营模式，进而制定出国际化战略和营销服务决策。同时，企业 F 还会利用组织与客户、合作伙伴、大学、研究机构等单位的网络关系，帮助自身获取有关目标市场的国际化知识，进而开展本土经营。此外，企业 F 的创始人、经理人等也会利用自身的关系从相关企业或个人处获取本土化经营的经验知识，以便实现企业能够在目标市场生存发展，获得快速成长。

尽管新兴国际化企业可以通过知识储备、学习吸收、整合利用、组织网络和个人网络获取本土化类的国际化知识，但对本土化经营管理水平和能力不足的企业，它们也会采取一些非法的手段获取本土化类的国际化知识。以企业 C 和 D 为例，2 家企业刚刚开始本土化经营时，由于相关知识的匮乏，不得不采取一些相对不合法的手段，从竞争对手、其他机构或单位，获取本土化经营的方法、模式等，也会采用行贿、买通等手段套取一些信息或知识，以便更好地开展本土化经营。然而，随着企业本土化经营水平和能力的提高，这种非法手段的使用频率逐渐下降，企业开始走向正轨经营。例如，企业 E 和 F，在本土化经营阶段，已经开始利用自身积累的本土化类国际知识，提高了自身的国际经营水平和能力，采用非法手段，获取本土化相关的知识信息的举措相对较少。

（三）国际企业类的国际化知识

在本书中，新兴国际化企业较为缺乏国际企业类的国际化知识积累。这些新兴国际化企业主要采用组织的学习吸收、整合利用、知识转移和组织网络等方式获取国际化知识。以企业 E 和 F 为例，2 家企业在开展深度国际化经营过程中，为了将自身打造成国际知名的国际企业，都非常注重国际企业类的国际化知识的学习与吸收，不仅从国外知名企业挖掘人才，还改造自身的组织结构、管理信息系统和分析系统，以便实现自身知识的整合与知识的转移流转。企业 E 和 F 还并购了海外公司，将国外公司的管理知识及经验引入到企业中来，也对海外的一些公司进行输入这些知识经验，给予海外分子公司予以借鉴与指导。此外，企业 E 和 F 还特别注重利用组织网络收集国际化知识，企业与合作伙伴、客户等外部活动者建立起了网络关系，从中获取国际经营的知识与信息，特别是国际企业类的国际化知识，以支撑企业的国际化经营，实现企业稳定获利。

尽管新兴国际化企业可以通过学习吸收、整合利用、组织网络和知识转移获取国际企业类的国际化知识，但对国际经营管理水平和能力不足的企业，它们也会采取一些非法手段和个人网络，获取国际企业类的国际化知识。以企业 E 为例，企业在国际化经营过程中，还需要利用私人网络获取一些国际化知识，这主要是因为企业经营业务的类型有关，为了获得国际企业类的国际化知识，企业不仅仅需要自身实力，还需要有一定的私人关系才能从一些国际企业挖到高端的国际化人才。以企业 F 为例，为获取国际企业类的国际化知识，企业采取了一些相对非法的手段，获取某些竞争对手的国际化经营策略及信息，以便更好地开展国际化经营，从而保证企业能够在全球范围开展竞争。

四、何时需要何种类型的国际化知识

本书发现新兴国际化企业在不同的国际化阶段，其使用的国际化知识也有所不同。表 3.8 描述了再不同的国际化阶段，企业对 3 类国际化知识的需求，并描述了在不同国际化阶段转换时，新兴国际化企业所需要积累的国际化知识。

表 3.8　案例企业在国际化历程中所需的国际化知识

知识需求	国际化历程				
	阶段 2	阶段 2 转换 3	阶段 3	阶段 3 转换 4	阶段 4
市场进入类	A、B、C、D、E、F				
本土化类		A、B	C、D、E、F		
国际企业类				C、D	E、F

注：阶段 2 为商业化阶段；阶段 3 为成长阶段；阶段 4 为稳定获利阶段。

本书发现，对新兴国际化企业而言，市场进入类国际化知识是各个企业所最需要和亟须寻求的。在其国际化的第 2 阶段，即商业化阶段，企业 A、B、C、D、E 和 F 都在收集与获取这类国际化知识。这是因为当新兴国际化企业进入某一市场或国家时，在寻求商业化阶段，企业由于缺乏国际化经验，亟须获取市场进入类的国际化知识。而在第 2 向第 3 阶段转移，即商业化阶段向成长阶段转化的过程中，新兴国际化企业 A 和 B 已经开始积累本土化类的国际化知识，这是因为企业 A 和 B 不满足于仅仅通过出口方式，进入到欧美等国家的市场，开始需求在这些市场中开展本土经营，不断促进其国际经营业务的增长。在阶段 3，即成长阶段，企业 C、D、E 和 F 不断则是寻求获取本土化类的国际化知识，以便制定适合当地市场的商业模式，采用合理的海外经营模式，以及建立国际供应链和营销服务网络，以便寻求并支持企业的快速增长。而在第 3 向第 4 阶段转移，即成长阶段向稳定获利阶段转变的过程中，新兴国际化企业 C 和 D 是不满足于企业现有的成长与发展的，2 家企业依然向国际企业迈进，开始不断积累国际企业类的国际化知识，以便在后续经营过程中使用。在阶段 4，即稳定获利阶段，新兴国际化企业 E 和 F 则是致力于国际企业类国际化知识的获取，以便将自己打造为知名的国际企业，企业采用了新的管理结构，收购并购一些海外企业，并在企业内采用更为先进的信息管理系统、信息分析系统，并使用项目管理方法，和人力资源管理系统对企业进行有效管理，以便在国际市场中稳定获利。

最终，本书发现，在不同的国际化阶段，新兴国际化企业所需要的知识是不同的，见图 3. 3。在新兴国际化企业的早期经营阶段，企业更关注于市场进入类国际化知识的收集与获取，希望依据这些知识制定企业进入海外市场，开展商业化经营的举措。随着新兴国际化企业进入国际市场，企业开始寻求本土化经营，开始有针对性地搜集并获取本土化类的国际化知识，以便寻求在海外当地市场的快速成长于发展；此时，新兴国际化企业对市场进入类国际化知识的需求开始逐步减弱。随着新兴国际化企业的成长与发展，以及经验知识的获取，企业迫切需要将自身打造成具有广泛影响力的国际企业，企业希望获取更多的国际企业类的国际化知识，以便实现自身海外经营实力和能力的不断增强，进而能够在海外市场获得稳定的成长与获利，将自身打造成为优秀的国际企业；此时，新兴国际化企业对市场进入类和本土化类的国际化知识需求开始减弱。

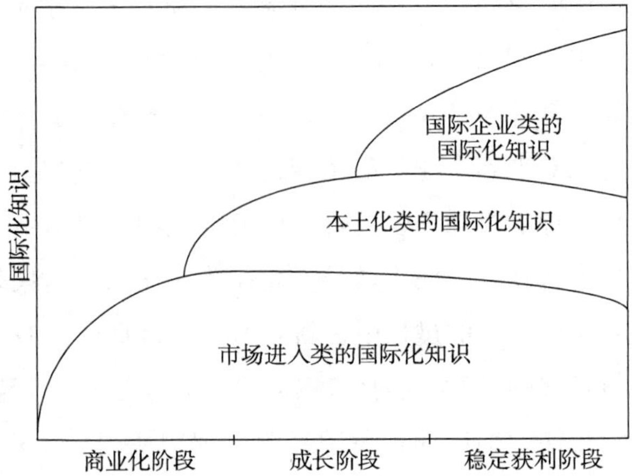

图 3.3　案例企业在不同国际化阶段其国际化知识的需求

第三节 结论与讨论

本节将讨论本章通过研究所得到的主要结论，并对主要结论进行讨论，以便发现本章研究的理论意义和实践意义。

一、结论

在以往国际营销和国际化历程研究中，研究者已经发现：国际化知识是企业开展国际化经营的重要资源（Eriksson 等，1997；Eriksson，Majkgârd 和 Sharma，2000；Forsgren，2002）。然而，现有研究对新兴国际化企业的国际化知识研究依然不足，研究者并没有对国际化知识进行有效的分类与分析，也没有探讨新兴国际化企业如何在自身特定的国际化知识资源与能力缺失的情境下，开展国际化经营，如何在国际市场中生存与发展，如何获取利润及成长为有影响力的国际知名公司（Zahra，2005）。因此，本书综合以往研究结论，对企业的国际化知识进行分类，并分析新兴国际化企业为何需要这些国际化知识，从何处获取这些国际化知识，如何获取这些知识，如何在不同的国际历程中使用这些国际化知识，以弥补现有研究的缺陷。

（一）为何需要这些国际化知识

本书发现新兴国际化企业所使用的国际化知识其内涵，与 Eriksson 等（1997）对国际化知识的定义较为符合，均认为企业的国际化知识是其如何在国际市场开展经营所需要的知识。本书借鉴以往研究，将新兴国际化企业所使用的国际化知识划分为三种，并给出了拓展性解释，以便区分不同国际化知识。

尽管以往研究将企业的国际化知识分为多种类型，但更多是基于知识本身的概念分类的，而本书则是将新兴国际化企业的国际知识按照其在不同国际化阶段的需求分为三种，以便让新兴国际化企业更好地搜集并使用这些国际化知识。本书发现新兴国际化企业在国际市场中的发展阶段，追寻的目标是不一致的。有的企业停留在市场进入阶段，寻求的是进入该目标市场，故需要的国际化知识是进入类的；有的则是追求更好的开展本土化经营，在目标市场获得竞争优势，故需要的是本土化类的；有的则是追求将自身打造为国际知名企业，故其需要的是国际企业类的国际化知识。因此，本书提出子命题：

命题 1：新兴国际化企业所需要的国际化知识，是由其在国际市场中所追寻的发展目标所决定的。

国际化进程研究中强调企业获取特定新市场的知识，能够帮助其进入该新市场，使其进入目标市场中开展经营（Johanson 和 Vahlne，1977）。我们将市场进入类的国际化知识，定义为帮助企业如何进入目标市场相关的知识或信息，是因为当企业进入到目标市场时，企业需要制定市场进入策略、进入模式，了解这个市场的特征以及消费者特点等，也需要了解这个市场的环境，包括政治、经济、文化等多个方面，也要考虑目标市场中的文化差异等多种因素的影响。通过对这些市场进入类国际化知识信息的了解，新兴国际化进过分析，可以开发并制定适合的市场进入模式，以适应新的市场情境。Forsgren（2002）认为企业需要搜寻这类国际化知识，以便采用合适的新市场进入模式。因此，本书提出命题：

命题 1a：新兴国际化企业的市场进入类国际化知识，可以提高其指导如何进入国际市场使用何种商业模式的能力。

在国际营销研究中，研究者发现企业不仅需要市场进入相关的国际化知识，还需要有一些能够开展本土化经营的国际化知识。这要求国际化企业在新区域里开发有效的战略与策略，以便在当地开展运营，分销产品或搭建销售系统，以便在当地市场获得长足的发展（Cui，Griffith 和 Cavusgil，2005）。对新兴国际化企业而言，在国际化知识相对匮乏，尤其是在开展本土化经营时，特别需要本土化类的国际化知识，以便重新构建其商业模式、实践活动和运营结构，以便在新市场中，获得在当地市场中获取竞争优势。因此，本书提出子命题：

命题 1b：新兴国际化企业的本土化类国际化知识，可以帮助其整合商业策略与活动，以便在目标市场中获取竞争优势。

当新兴国际化企业发展到一定阶段后，企业就会追寻将自身打造为国际知名的国际企业，这时企业就需要国际企业类的国际化知识，以便变得更加有效率、有效果地在国际市场中开展业务经营。新兴国际化企业需要对各地的分子公司加以有效管控，改变原有的组织结构，加强信息的管理，采用项目管理等方法，以使自己在国际市场中形成合适的规模经济（Cavusgil，1998）。在此过程中，新兴国际化企业还需要持续寻求足够的和必要的经验知识，以支撑国际流程、系统的改进优化，而不是仅仅停留在一个区域扩展上。因此，本书提出子命题：

命题 1c：新兴国际化企业的国际企业类国际化知识，可以帮助其开发经营流程，以便使其成为稳定持续发展的国际企业。

（二）从何处获取这些国际化知识

国际化进程研究中，研究者特别关注企业国际化经验知识的来源（如 Casillas 等，2009；Johanson 和 Vahlne，2009；Johanson 和 Wiedersheim - Paul，1975；Nordstrom 和 Vahlne，1992；Åkerman，2015），并且关注国际企业或跨国公司如何从网络中获取国际化知识，也更加关注网络的密度、强度、节点等问题对知识获取的作用（Johanson 和 Vahlne，2009；Åkerman，2015；Tortoriello，McEvily 和 Krackhardt，2015），并且非常关心跨国公司或国际化企业中知识的转移与共享等活动（Casillas 等，2009；Hilmersson 和 Jansson，2012；Haas 和 Cummings，2014）。企业网络主要是指自身以外的组织，如客户、供应商、其他合作伙伴、机构和竞争对手等

(Coviello 和 Munro，1995；Jobanson 和 Mattsson，1988)。本书发现，案例企业在没有相关的国际化知识时，这些新兴国际化企业的国际化进程会变得缓慢，并且会出现迷茫阶段，不知道从何处获取这些国际化知识。然而，新兴国际化企业的学习能力、吸收能力却较强，它们能够通过多种手段或渠道获取国际化知识，或者聘用外部专家，或者雇佣一些有在国际企业工作经验的员工，开展国际化经营。新兴国际化企业从外部获得了大量的国际化知识，以促进其国际化战略的制定与实施。

尽管网络关系能够帮助新兴国际化企业获得一些市场特定的知识，但这些知识还是非常具有局限性的，企业的学习吸收、整合利用、知识转移也是企业获取国际化知识的重要举措。对新兴国际化企业而言，国际化知识具有很强的专业性，往往适用于某种特定的情境，因而通过企业网络获取的国际化知识并不能完全满足其需求。由于新兴国际化企业的国际化进程和发展，本身就具有很强的特殊性，需要一些高度特定的知识经验，涉及企业如何处理国际发展中的问题，这意味着企业需要更多的内部学习、交流提高，并结合外部网络的帮助，才能使其迅速掌握国际化知识。同时，专业的咨询顾问等，对企业获取并应用国际化知识也是非常重要的；企业有时会雇佣他们帮助处理一些具体的国际业务运营。此外，当一些国际化知识特别亟须时，一些新兴国际化企业可能会通过个人网络或非法手段获取相关的国际化知识。

对相对高级别的国际化知识，如本土化类和国际企业类的国际化知识，关系新兴国际化企业打破原有的国际化发展方式和战略，采用新的组织结构，新的管理方法和经营策略等内容，这些需要企业付出更多努力，以便获取这些知识。在本书中，对获取这类国际化知识，新兴国际化企业的经验相对不足，仅仅依靠自身的努力和网络，往往是不够的。然而，新兴国际化企业需要面对国际人力资源管理、知识产权保护、国际责任、全球战略经营、商业模式重塑、本土化发展等诸多问题。故新兴国际化企业需要不断搜寻并获取相关的国际化知识，以促进自身的发展。因此，本书提出命题：

命题 2a：新兴国际化企业获取市场进入类、本土化类和国际企业类的国际化知识，需要通过外部网络、自身学习吸收，以及整合自身已有的知识经验和现在开发的知识经验等方式获得。

本书的研究结果表明：对新兴国际化企业而言，国际化知识在其国际化进程中扮演着重要角色，这和以往研究结果相一致，与 RBV 和 KBV 思想中，国际化知识是企业国际化发展中具有重要价值的资源的结论，不谋而合。从战略上来讲，国际化知识是企业难以被完全模仿的、难以被完全替代的重要资源。因此，获取这类资源对企业的国际化进程极为重要，但又很难获得。对新兴国际化企业而言，本土化类和国际企业类的国际化知识，是具有异质性、高水平的国际化知识，这关系到企业发展管理的新流程，新战略，需要在不同的区域、不同的来源处获得（Barney，Wright & Ketchen，2001；Collis，1994；Grant，1996）。企业吸收这些国际化知识，还需要在企业或团队内部予以整合，共享，进而帮助企业制定相关战略或策略（Amit 和 Schoemaker，1993；Collis，1994；Fletcher 和 Prashantham，2011），组建供应链系统，内部信息系统，采用项目管理方法等，并结合企业特定的情境，发挥国际化知识的作用与价值（Cui、Griffith 和 Cavusgil，2005）。因此，本书提出命题：

命题 2b：新兴国际化企业的国际化知识是其探寻并实施国际化战略的重要资源。

本书发现，对新兴国际化企业而言，三类国际化知识都是企业国际化发展的重要资源。然而，新兴国际化企业不仅需要市场进入类和本土化类的国际化知识，在新市场或已有市场建立区域竞争优势，还需要国际企业类的国际化知识，提高企业在全球市场中的竞争优势，提高自身的国际影响力。同获取国际企业类的国际化知识，新兴国际化企业可以更新信息系统，组织结构，着力提高自身的管理能力。相比市场进入类和本土化类的国际化知识，国际企业类的国际化知识更为复杂、高级，这需要企业具有强有力的学习能力和吸收能力，不断通过企业网络、自身的信息系统等方式获取知识信息，甚至还需要通过个人网络和非法手段获取相关的知识信息，以便促进企业的国际化发展，提高自身的竞争优势。结合以往的研究和本书的发现，本书提出命题：

P2c：国际企业类的国际化知识，是新兴国际化企业提升自身的国际业务的流程、信息系统、组织结构、知识共享等方面国际化能力的重要资源，能够帮助其提高国际竞争力。

作为嵌入企业管理中，保证企业开展国际化经营的重要战略资源，新兴国际化企业的国际企业类国际化知识，能够帮助企业开发新的需求，或改变现有需求，帮助企业在全球范围内迎接持续的挑战，进而构建更为长久、持续地国际竞争优势（Autio，Sapienza 和 Almeida，2000；Sapienza 等，2006）。国际企业类的国际化知识，不仅存在于 Teece，Pisano 和 Shuen（1997）所提出的“动态能力”概念下的重要资源基础，更是引领新兴国际化企业成长发展的，获取持续国际化竞争优势的基础。因此，本书提出命题：

命题 2d：国际企业类的国际化知识，是新兴国际化企业提升自身能力，获取持续国际化竞争优势的重要资源。

（三）如何获取这些国际化知识

本书发现新兴国际化企业采用多种方式获取国际化知识。首先，一些新兴国际化企业本身是具有一些国际化知识储备的；其次，新兴国际化企业内部往往会有一定的整合利用能力，包括自身学习吸收国际化知识，整合已有知识储备和新开发的国际化知识，还有就是能够将自身整合后获得的国际化知识在各个部门、公司间进行转移；最后，新兴国际化企业从外部获取国际化知识，往往会借助组织网络和个人网络，但一些企业也会采用非法手段获取亟须的国际化知识。

本书发现一些新兴国际化企业本身是有一些国际化知识储备的。在调研中，案例企业中有一些高层管理者有海外经历，或者曾经从事过海外贸易，这使企业中掌握了一些国际化知识，特别是市场进入、本土化经营相关的国际化知识，这些知识能够帮助新兴国际化企业进入目标市场，开展本土化经营。虽然案例企业中的新兴国际化企业，有一些知识储备，但这些知识是不够充足的，难以满足企业对国际化知识的需求，尤其是国际企业类相关的国际化知识，新兴国际化企业较为匮乏。这就要求新兴国际化企业必须有较强的国际化知识开发能力，以便从企业内外部，获得这些知识。同时，新兴国际化企业还需要将这些知识进行有效的整合，以便形成有效的合力，帮助企业在国际化进程中获得成长与发展。故，新兴国际化企业需要有较强的整合利用能力，以便将知识资源进行有效的整合（Basaglia 等，2010）。因此，本书提出：

命题 3a：新兴国际化企业需要有较强的整合利用能力，以便将已有的知识储备与新开发的国际化知识进行整合。

本书通过分析发现，新兴国际化企业内部进行国际化知识获取的主要方式有学习吸收、整合利用和知识转移等行为。以学习吸收为例，当新兴国际化企业需要国际化知识以支撑起国际发展时，企业的领导者及高级管理者都非常注重国际化知识的学习，并且要求下属员工收集相关的知识与信息，促进企业组织内不断学习吸收国际化知识。同时，企业还注重整合利用，案例企业往往会设置项目组或团队，负责汇总、整合各个部门或单位学习吸收到的国际化知识，并将这些知识共享，以便各个部门、各个分支单位都能够掌握这些国际化知识。此外，当国际化程度发展较高时，新兴国际化企业可能会并购一些海外企业，此时企业特别关注知识的转移与吸收，也关注企业总部与下属子分公司间知识信息的传递与转移，以便形成较为完善的信息知识管理系统，这些举措可以帮助企业获取并利用这些国际化知识。因此，本书提出：

命题 3b：新兴国际化企业重视内部的学习吸收、整合利用和知识转移，以便获取并有效利用国际化知识。

本书发现，案例企业从企业外部获取国际化知识的途径，主要借助组织网络和个人网络。网络及网络关系一直是企业获取知识资源的重要途径（Ojala，2009；Tortoriello，McEvily 和 Krackhardt，2015）。新兴国际化企业应用组织网络，与客户、合作伙伴、大学、相关机构等保持良好的网络关系，可以帮助企业获取到大量的国际化知识，尤其是获取市场进入类的国际化知识。同时，企业还非常注重应用个人网络，尤其是获取一些较为敏感的国际化知识时，企业的高层管理者往往会选择使用个人网络获取这些知识信息。然而，随着新兴国际化企业的不断成长壮大，使用个人网络获取国际化知识的力度相对降低，企业更多是使用组织网络获取国际化知识。因此，本书提出：

命题3c：新兴国际化企业重视借助组织网络和个人网络，从外部获取国际化知识，并随着企业国际化程度的加深，企业更为依靠组织网络获取国际化知识。

通过案例企业分析，本书发现新兴国际化企业在各个国际化阶段的发展初期，特别是亟须相关国际化知识时，往往会选择使用一些非法手段获取这些知识资源。相对于发达国家的跨国公司，新兴国际化企业缺乏知识资源支撑自身的国际化发展。当新兴国际化企业期望更高的发展目标时，往往需要有足够的知识资源作为支撑；当企业内部的学习吸收不足以支撑知识资源的急速获取时，新兴国际化企业往往会选择采用一些非法手段，收买或窃取一些国际化知识，以便帮助企业的发展与进步。这是以往研究所不曾提出或明确的。因此，本书提出：

命题3d：在亟须国际化知识时，新兴国际化企业可能会采取一些非法手段获取国际化知识。

（四）何时需要这些类别的国际化知识

本书发现：新兴国际化企业需要何种类型的国际化知识，取决于它们在不同国际化历程中所面临的挑战（Kazanjian，1988）。换句话讲，新兴国际化企业的知识需求，是随着企业的国际化发展变化的。新兴国际化企业发展初期，是需要市场进入类的国际化知识的，以便进入新市场、新区域；新兴国际化企业为了在新市场获得竞争优势，则是需要本土化类的国际化知识，以便在当地目标市场获得业务的成长与发展；新兴国际化企业还希望进一步国际化，将自己打造成为国际企业，它们需要知道如何在国际市场运作，构建并维持国际竞争力，能够有效地进行跨国界经营，这就需要国际企业类的国际化知识。因此，本书提出命题：

命题4：随着国际化进程的变化，新兴国际化企业所需的国际化知识也会随之发生改变。

本书将进一步提出一些子命题，以便探讨新兴国际化企业如何使用不同类型（市场进入类、本土化类和国际企业类）的国际化知识，以及何时使用这些国际化知识。

当进入新市场，寻求合适的进入模式时，企业需要市场进入类的国际化知识（Forsgren，2002）。对新兴国际化企业而言，企业需要不断获取市场相关的国际化知识，进入并利用相关的网络获得市场进入相关的知识与信息，以便制定或选择合适的市场进入模式。新兴国际化企业获取市场进入类的国际化知识，并成功进入几个市场，获得相关资讯后，企业能够逐渐培养出一种技能，它可以帮助企业开拓后续的市场。因为新兴国际化企业会在此过程中，积累市场进入相关的知识与信息，培养市场进入相关的操作能力，从而将这种经验知识转化应用到其他相关的市场开拓中（Eriksson 等，1997；Prashantham 和 Young，2011）。

尽管企业在其他国际化阶段，会需要其他类型的国际化知识，但是企业对市场进入类国际化知识的需求并没有消失。这是因为市场进入类的国际化知识，能够持续帮助企业在市场中引入新产品、新服务，并能帮助企业适应市场环境，应对一些时间的发生或影响。对新兴国际化企业而言，企业需要不断学习心得方式方法，不断熟练应用市场进入类相关的国际化知识，以便进入其他市场。因此，本书提出子命题：

命题4a：在国际化早期阶段，新兴国际化企业主需要市场进入类的国际化知识；而在国际化的中后期，新兴国际化企业的市场进入类国际化知识，能够帮助企业开发并采用新的市场进入方法。

在早期国际化阶段，新兴国际化企业对本土化类知识的需求并不明显。而在国际化的第三个阶段以及从第二个阶段向第三个阶段过渡时，新兴国际化企业开始需要本土化类的国际化知识，而在第三个阶段，对本土化类的国际化知识需求占据主导位置。这是因为在新兴国际化企业为了在目标市场取得竞争优势，生存并发展起来，需要采用合适的商业模式，采用合理的海外经营模式，建立或使用国际供应链，以便将自己的产品和服务提供给海外客户（Griffith、Zeybek 和 O' Brien，2001）。因此，新兴国际化企业在这一时期需要较多的本土化类的国际化知识。而在国际化的第四个阶段，新兴国际化企业对本土化类的国际化知识需求，依然没有消失，这是因为企业依旧需要在各个目标市场中，争取本土化优势，而不仅仅是全球优势（Cui、Griffith 和 Cavusgil，2005；Prashantham 和 Young，2011）。随着新兴国际化企业变得成熟，它们不仅需要在全球市场中发展自己，还需要在各个市场中推进自身战略的事实，在当地取得长足的发展与进步（Fletcher 和 Prashantham，2011）。因此，新兴国际化企业在国际化的第四个阶段，依然需要本土化类的国际化知识。因此，本书提出命题：

命题 4b：当进入目标市场后，新兴国际化企业需要并且会不断需要本土化类的国际化知识，以应对当地市场的挑战与竞争，进而寻求本土化竞争优势。

国际营销和国际化历程研究中，研究着发现企业要想成为跨国公司或国际公司，必须知道如何调整其组织结构，如何设置国际组织，如何管理这些组织，以便实现盈利和增长，成为一个成功的国际企业（Cavusgil，1998；Eriksson 等，1997；Li，Li 和 Dalgic，2004）。然而，现有研究中并没有探讨国际企业类的国际化知识在新兴国际化企业如何成为国际企业中的作用。因而，我们通过案例研究发现新兴国际化企业在国际化的第三和第四阶段，已经开始收集并获取国际企业类的国际化知识，在第三个阶段对这类国际化知识的需求还不占据主导位置，而在国际化的第四个阶段，企业对这类国际化知识的需求开始占据主导位置。新兴国际化企业通过这类国际化知识的掌握与应用，调整企业经营的流程和组织结构，制定一些管理惯例，并能够保证企业在各个地区实现本土化经营，又能将整个公司通过信息系统进行有效管理，使得企业总体业务不断发展，实现国际成长与内部管理的提升，在国际市场中取得竞争优势和国际影响力。因此，本书提出命题：

命题 4c：当新兴国际化企业在多个地区建立本土化经营的竞争优势

后，企业就需要国际企业类的国际化知识，以便持续提升并维持国际竞争力，将自己打造为有影响力的国际企业。

（五）案例研究结论总结

通过上述分析，本书可以发现在不同的国际化阶段，新兴国际化企业需要不同类型的国际化知识。尽管新兴国际化企业获取国际化知识的外部载体较为相似，但企业国际化知识的来源，获取国际化知识的内部举措，使用国际化知识的方式有所差异，见图 3.4。

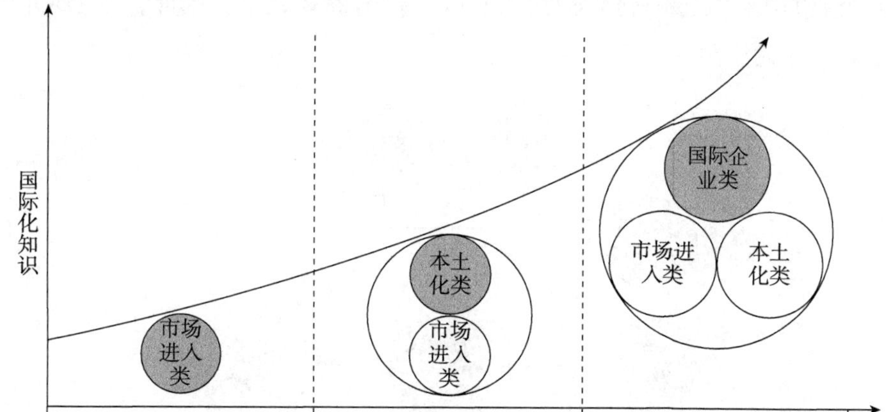

阶段	商业化阶段	成长阶段	稳定获利阶段
含义	市场进入类 企业如何进入新市场以及制定市场进入决策相关国际化知识	本土化类 企业在新市场制定合适的经营策略相关的国际化知识	国际企业类 有关国际企业如何设置内部结构和流程相关的国际化知识
具体知识	进入海外市场的方式与海外合作伙伴建立关系新市场运营所需要的法律知识	开发合适的商业模式适应海外市场的模式建立国际供应链组织搭建营销服务网络	新的管理结构管理信息分析人力资源管理项目管理方法
来源	内部直接经验 外部专家咨询	内部直接经验 外部专家咨询 外部高级聘用	内部直接经验 内部信息系统 外部专家咨询 外部高级聘用
内部举措	学习吸收	学习吸收 整合利用	学习吸收 整合利用 知识转移
外部载体	组织网络 个人网络 非法手段	组织网络 个人网络 非法手段	组织网络 个人网络 非法手段

图 3.4　案例研究结论汇总

在国际化的第二阶段，即商业化阶段，新兴国际化企业主需要时市场进入类的国际化知识。这类知识主要涉及进入海外市场的方式，如何与海外合作伙伴建立关系，以及获取新市场运营所需要的法律知识等。新兴国际化企业获取这类国际化知识主要来源包括内部直接经验和外部专家咨询等。为了获取这类国际化知识，新兴国际化企业主要依靠组织网络、个人网络和非法手段，而内部的举措主要是学习吸收国际化知识。在获取市场进入类的国际化知识后，新兴国际化企业可以利用这类知识选择较为合理的市场进入方式，进而能够顺利进入目标市场，取得一定的国际化绩效，即企业的国际化战略付诸实施，取得一定的商业效果。因此，本书可以根据上述描述绘制图 3. 5。

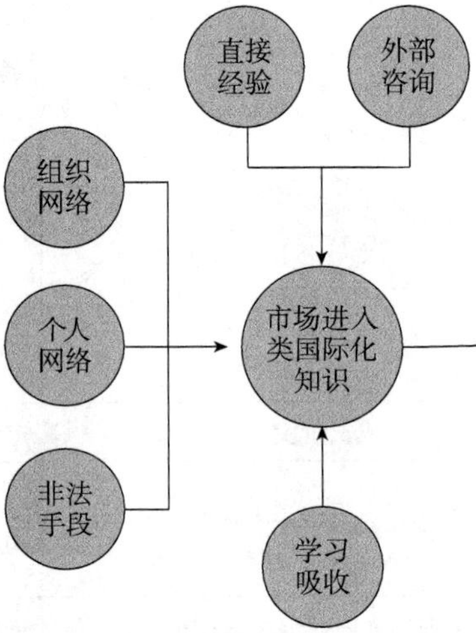

图 3. 5　商业化阶段市场进入类国际化知识获取

在国际化的第三阶段，即成长阶段，新兴国际化企业主需要本土化类的国际化知识，这类国际化知识主要帮助企业在新市场中制定合适的经营策略，以便在当地取得竞争优势。本土化类的国际化知识主要涉及开发合适的商业模式，适应海外市场的经营模式，建立国际供应链组织和营销服务网络等。新兴国际化企业获取这类国际化知识主要来源包括内部直接经验、外部专家咨询和外部高级聘用，以便更好地在当地开展国际化经营，取得竞争优势。为了获取本土化类的国际化知识，新兴国际化企业也主要依靠组织网络、个人网络和非法手段获取，而内部的举措主要是学习吸收，整合组织内外部的国际化知识。在获取本土化类的国际化知识后，新兴国际化企业可以利用这类知识开展本土化经营，以便在新的市场中获得成长与发展，进而取得较好的国际化绩效。因此，本书可以根据上述描述绘制图 3.6。

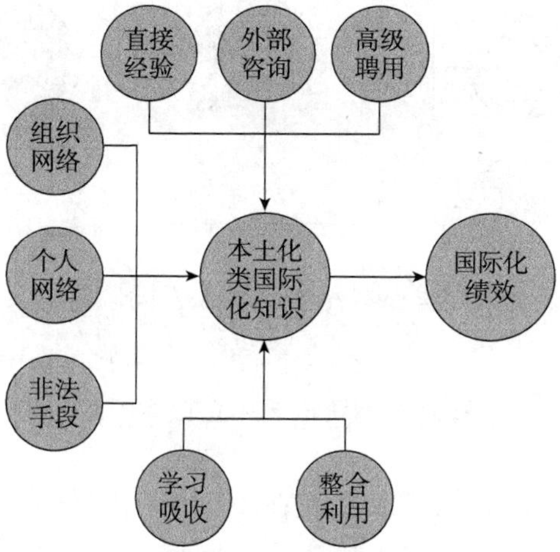

图 3.6　成长阶段本土化类国际化知识获取

在国际化的第四阶段，即稳定获利阶段，新兴国际化企业主需要国际企业类的国际化知识，这类国际化知识主要帮助企业在国际市场中开展更为广泛的经营，以便取得国际竞争优势。国际企业类的国际化知识主要涉及国际企业组织结构、管理信息系统、信息分析系统、人力资源管理和项目管理等方面的知识。新兴国际化企业获取这类国际化知识主要来源包括内部直接经验、内部信息系统、外部专家咨询和外部高级聘用，以便更好地在当地开展国际经营，取得国际竞争优势。为获取国际企业类的国际化知识，新兴国际化企业也主要依靠组织网络、个人网络和非法手段获取，而内部的举措主要是学习吸收，整合组织内外部的国际化知识，实现知识在组织内外的转移等措施。在获取国际企业类的国际化知识后，新兴国际化企业可以利用这类知识开展更为广泛的国际化经营，以便在更广泛的国际市场中实现稳定成长与获利，进而取得较好的国际化绩效。因此，本书可以根据上述描述绘制图 3.7。

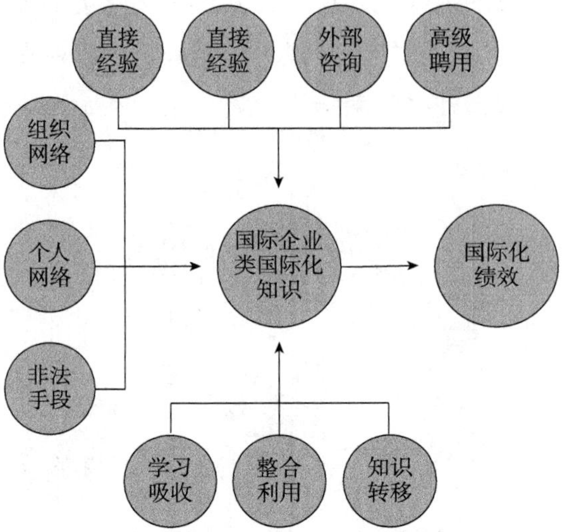

图 3.7　稳定获利阶段国际企业类国际化知识获取

通过以上分析，我们可以发现在不同的国际化阶段，新兴国际化积极获取各种国际化知识，通过国际化知识的应用，能够为企业带来不同的国际化绩效。由于在不同的国际化阶段，新兴国际化企业追寻的国际化绩效可能存在较大差异，不能简单用财务绩效表现，结合本书第二章的分析，可以发现新兴国际化企业在不同的国际化阶段，追寻的一种绩效首先是适应海外市场，进而逐渐寻求更多的获利。尽管有一些新兴国际化企业，从事国际业务主要是寻求获取短期的海外利润，但更多的新兴国际化企业是希望长期开展国际化经营，寻求长期的成长与发展。因此，本书将在后续研究中进行实证探讨，以期发现更为有价值的结论。

二、讨论

对新兴国际企业而言，国际化知识是其在国际市场中开展经营与管理的重要资源，具有重要的战略意义，本书借鉴以往研究，探讨新兴国际化企业：（1）为何需要这些类别的国际化知识；（2）从何处获取这些国际化知识；（3）如何获取这些国际化知识；（4）在国际化成长过程中，何时需要何种类型的国际化知识。本研究解决了国际营销和国际化历程研究中，有关新兴国际化企业在国际化历程中如何获取并使用国际化知识的相关研究问题，对研究者和实践者具有一定的借鉴意义与启示。通过上述分析，本书将新兴国际化企业所需要的国际化知识分为：市场进入类、本土化类和国际企业类，解释了在不同的国际化阶段，新兴国际化企业为何需要这些国际化知识，从何处获得，如何获得，以及何时使用何种类的国际化知识，以期帮助新兴国际化企业在国际市场中获得成长与发展。

本书的主要结论包括以下四个方面。首先，在国际化发展过程中，新兴国际化企业对国际知识的需求往往取决于其经营的环境。其次，对新兴国际化企业从何处获取国际化知识来讲，无论企业从内部获取直接经验知识，还是从组织外部获取相关的知识信息，都需要综合运用多种手段获取国际化知识，从多个知识信息源获取，以便解决在国际进程中对不同知识的需求。再次，对新兴国际化企业获取国际化知识来讲，企业对内还需要考虑自身的学习吸收、整合利用、知识转移等方面的能力，而企业对外则是需要考虑个人网络、组织网络和一些相对非法的手段获取国际化知识。最后，如何使用国际化知识，新兴国际化企业要不断积累各类国际化知识，以便在国际化经营中使用。

本书的理论意义具有以下四点。首先，通过探索性案例研究，本书弥补了现有研究的不足，为研究者深入探讨国际化知识的分类提供了一定的参考与借鉴。其次，本书通过分析新兴国际化企业为何使用、从何处获得、如何获得、如何应用国际化知识，对后续研究新兴国际化企业如何开展国际化经营，如何进行国际化学习具有借鉴意义。再次，本研究发现企业内部学习吸收、整合利用、知识转移，外部的个人网络、企业网络和非法手段获取国际化知识，既弥补了现有研究的不足，又为后续研究的开展提供了理论探索。最后，新兴国际化企业是相对稚嫩的国际企业，在国际市场中尚有一些不足，面临的挑战也较多，因此需要不断进行学习，吸收国际化知识，进而在国际市场中获得生存与发展，这为后续研究新兴国际化企业如何进行演化学习，知识获取具有重要的参考价值。

本书还具一定的实践意义，能够帮助新兴国际化企业在国际市场中获得发展。首先，本书为新兴国际化企业获取国际化知识资源，促进国际进程的迈进，有助于企业获得更高、更快的成长与发展。其次，本研究介绍了新兴国际化企业如何获取国际化知识，还介绍了从何处获得这些国际化知识，对企业进行国际化学习，吸收知识资源具有重要的指导意义。最后，本书还介绍了新兴国际化企业对每种类别的国际化知识资源的使用与积累做了分析，能够帮助新兴国际化企业在不同的国际化阶段使用这些国际化知识，积累未来需要的知识资源，进而推进企业的国际化进程与发展，将自身打造为国际知名的、有影响力的国际企业。总之，本书对指导我国新兴国际化企业的发展与成长，具有重要的指导与借鉴意义。

尽管本书具有一定的贡献，但也存在一定的局限性，需要后续研究中加以考虑与解决。首先，新兴国际化企业面临很多的不确定性与动荡性，研究者和实践者应该予以重视，并且需要考虑企业、行业的特定情境，公司实力、规模等因素（Fernhaber，McDougall - Covin 和 Shepherd，2009；Sigfusson 和 Harris，2013）。其次，本书只考虑了企业网络和个人网络对新兴国际化企业获取国际化知识的影响，并没有考虑网络强度、网络密度、网络节点，也可以考虑与网络活动者间的沟通频次、信任等方面，对企业获取知识资源的影响。再次，本书更多是探索性的案例研究，虽然也采用的是长期的追踪研究，但也有一定的局限性，未来研究可以采用关键事件法，细致探讨新兴国际化企业如何获取、如何使用国际化知识，以及一些关键事件促使企业如何搜寻并获取相关的国际化知识等（Bell 等，2003），如并购、战略联盟等事件。最后，由于新兴国际化企业要想成为国际知名企业，有影响力的国际企业，需要较为漫长、复杂的过程，对国际化知识的需求也是相对多样，因此未来研究可以持续追踪单个新兴国际化企业如何一步步成为国际知名企业的，在此演变过程中，对哪些国际化知识有需求，获取时都采取了何种举措等等进行研究。

第四章　研究假设与实施过程

在第二章中本书着重分析了研究所涉及的主要变量，并在第三章进行了探索性案例研究。本节我们将根据上述案例分析，进行理论推导，以便构建假设模型。本节将推导新兴国际化企业国际化知识资源与其市场学习能力的关系，推导市场学习能力与其市场适应性的关系，并推导知识整合能力和市场动荡性在其中的调节作用。在构建研究假设的基础上，本书将介绍定量研究实施的过程，以便在后续研究中开展相关研究。

第一节　研究假设构建

一、国际化知识与市场学习能力

国际化知识是企业重要的战略资源，是企业为应对市场竞争而必须拥有的资源，是企业罕有的、难以模仿的、不可替代的战略资源（Dyer 和 Singh，1998）。新兴国际化企业需要不断学习，从所处的环境中获取国际化知识，并将国际化知识转化为对市场机会的识别，才能发挥国际化知识的价值（Cui，Griffith 和 Cavusgil，2005）。当企业发展所需要的资源成为一种独特的，能够嵌入到特定发展历程中，才能体现并增加资源得罕有性、难以模仿性和不可替代性（Collis，1994）。然而，资源并不一定能够转变为企业的能力，企业还需要通过获取、配置和利用国际化知识，将其与现有知识资源相融合，整合现有资源和新开发的资源（Grant，1996），进而将其嵌入企业组织之中（Barney，Wright 和 Ketchin，2001），逐步将知识资源转化为企业的具体能力。

越来越多的文献都在强调以知识为基础的管理是国际化企业成功的关键（Cui，Griffith 和 Cavusgil，2005；Nguyen 和 Barrett，2006；Roth 等，2009），在众多有关国际化知识的定义，有研究者将其定义为：有关国际化一般性的经验知识（Blomstermo 等，2004，p. 358）。这种知识是国际企业进行营销运营中构建的国际化知识与经验，并且是可以在不同市场进行转移的（Madsen 和 Servais，1997），在有关国际化进程的研究中，国际化知识的价值作用已经得到广泛认可认可（Welch 和 Luostarinen，1988）。

实证研究结果表明国际化知识是企业进行国际化成功的重要支柱（Barkema，Bell 和 Penning，1996；Delios 和 Beamish，1999；Eriksson 等，1997；Erikson，Majkgård & Sharma，2000；Fletcher，2009；Forsgren，2002；Prashantham 和 Young，2011；Zahra，Ireland 和 Hitt，2000）。通过评估、提升有关成功所需要的资源及能力，国际化企业可以通过开发国际化知识拓展业务与发展，进而超越国内的竞争对手（Almeida、Song 和 Grant，2002；Knight 和 Liesch，2002；Prashantham 和 Young，2011；Roth 等，2009），以实现有益的国际市场绩效（Barkema 等，1996；Barkema 和 Vermeulen，1998；Blomstermo 等，2004；Delios 和 Beamish，1998；Awate，Larsen 和 Mudambi，2014）。

对新兴国际化企业而言，企业本身是缺乏国际化知识这种资源的，企业需要在国际市场中不断学习吸收、获取相关的国际化知识。通过对这些国际化知识的掌握，可以帮助新兴国际化企业了解进入海外市场的具体方式；可以帮助国际化企业了解海外当地市场的经营状况、竞争格局、消费者特点等情况，进而有助于企业制定合适的营销策略和海外经营模式的选择；可以帮助新兴国际化企业开展全球化经营，了解发达国家跨国公司的经营管理方法，进而有助于企业开展全球范围内的经营与管理。总而言之，通过对国际化知识存储与掌握，新兴国际化企业可以提高对海外市场的了解与掌握，也就是企业在海外市场中的学习能力。因此，本书提出假设：

假设 1：新兴国际化企业的国际化知识对其市场学习能力具有正向的影响；

假设 1a：新兴国际化企业的市场进入类国际化知识，对其市场学习能力具有正向的影响；

假设 1b：新兴国际化企业的本土化类国际化知识，对其市场学习能力具有正向的影响；

假设 1c：新兴国际化企业的国际企业类国际化知识，对其市场学习能力具有正向的影响。

二、市场学习能力与市场适应性

市场学习能力可以帮助企业提高开拓市场的意识及其能力，能够帮助企业提高自己的产品与服务，能够帮助企业构建营销网络，提高产品和价格的竞争力，促进企业运用市场信息、知识等资源，提高企业调配营销资源、安排营销活动的效率和效果。

企业的市场学习能力包括学习客户需求、学习产品设计、产品分销、销售策略、顾客管理等方面，以便更好地满足顾客需要的能力，也有利于企业在市场中获得更好地理解市场规则。首先，企业的市场学习能力研究，起源于对市场知识的管理，通过对市场的了解和学习，就能够运用市场知识，解决应企业在市场中遇到的一些问题（梁永琼，2011）。其次，市场学习能力是企业对顾客的现有需求和欲望进行了解，对未来需求或新市场份额发展进行预测的能力（Day，1994；Slater 和 Narver，1995；Jay，2003；梁永琼，2011）。最后，市场学习能力除了包含对市场信息的感知，还包括对其他相关信息的传递、归纳总结、更新以及集成（Jay，2003），一般包括市场认知能力、顾客认知能力和竞争认知能力等，这些都是企业市场学习能力的表现（周寄中，2002；王庆喜，2004；梁永琼，2011）。

对新兴国际化企业而言，进入海外市场具有很强的风险性和不确定性，企业需要不断学习国际市场，依靠国际化知识提高自己的市场学习能力。通过这种能力，新兴国际化企业可以帮助更为适应海外市场的经营环境。在不同的国际化阶段，新兴国际化企业追寻的目标会有所差异。新兴国际化企业刚刚进入海外市场时，需要根据自身掌握的市场进入类的国际化知识，逐步提高自身的市场学习能力，了解市场中的基本经营状况、法律规章、市场结构、合作伙伴类型等，这会帮助企业选择合适的营销策略和战略，选择适配的营销模式。当新兴国际化企业在海外市场中开展本土经营时，企业需要深入地了解海外市场顾客需求、技术要求以及竞争态势等，选择何种经营模式等，这都有助于企业采用合适的营销策略，提高自身的市场反应性。当新兴国际化企业进入到稳定获利阶段，企业积累的国际化知识逐渐增多，这能够有效地提高企业的市场学习能力，在开展国际化和全球化经营时，企业可以更好地采用规范、合理的办法在各个市场中开展国际化经营，这会进一步促进企业营销策略、市场反应性的提高，从而提高企业的国际化市场绩效。总之，随着新兴国际化企业市场学习能力的增强，企业既可以更好地制定合适的营销策略和战略，开发并推广新产品，提高自身的营销适应性，也可以提高企业在各个市场中的反应速度，开发适合当地市场的产品或服务等，以便应对复杂动荡的市场环境，也有助于提高新兴国际化企业的市场绩效。因此，本书提出假设：

假设 2：新兴国际化企业的市场学习能力对其市场适应性具有正向的影响；

假设 2a：新兴国际化企业的市场学习能力对其营销适应性具有正向的影响；

假设 2b：新兴国际化企业的市场学习能力对其市场反应性具有正向的影响；

假设 2c：新兴国际化企业的市场学习能力对其市场绩效具有正向的影响。

由于本书假设新兴国际化的国际化知识能够影响企业的市场学习能力，而其市场学习能力又能够影响其市场适应性。因此，本书提出假设：

假设 3：新兴国际化企业的市场学习能力在其国际化知识与其市场适应性间起中介作用。

三、知识整合能力的调节作用

知识整合就是运用科学的方法对不同来源、不同层次、不同结构、不容内容的知识进行综合和继承，实施再建构，使单一知识、零散知识、新旧知识、显性知识和隐性知识经过整合提升形成新的知识体系（任皓、邓三鸿，2002）。知识整合绝不是现有知识的简单相加，而是一个知识创新的过程。成功的知识整合要求多种管理技能包括学习的识别和鉴别、提高知识的清晰度等。只有经过真正意义上的知识整合，企业才能进行实质上的知识管理。知识整合最关键的是系统整合和优化（任皓、邓三鸿，2002）。

知识整合本质上也是一种连接工作，知道什么问题可以透过怎样的顺序，利用哪些人员的知识或那些系统来解决，这种牵涉到知识转移与连接的机制便是知识整合机制（Inkpen 和 Dinur，1998）。知识整合也是一个复杂的过程，需要挖掘企业内部的各种知识以及知识之间的相互联系和动态关系。知识整合的鲜明特征是知识要素与实践要素的整合，是认知中的实践整合，实践中的认识整合，是一个动态的过程，不能将知识整合堪称是思维领域内各种认知能力的整合，知识整合的过程实质上就是知识创新的过程。

知识整合能力可以分为内部整合能力和外部整合能力（周健明、陈明和刘云枫，2014）。在外部知识整合研究方面，Iansiti 和 Clark（1994）认为外部知识整合主要是通过对外部技术和顾客知识进行整合从而获得产品开发所需知识，这要求企业必须拥有较强的知识学习和吸收能力。内部知识整合研究方面，Iansiti 和 Clark（1994）认为，所谓内部知识整合是对组织内不同职能部门之间知识做广泛协调整合的行为，包含跨功能整合与广泛问题解决两大衡量指标。相比于外部知识整合，内部知识整合是新产品开发成功的重要手段，因为从外部获取的知识，只有经过内部整合与消化，才能增进新产品商业化的过程（林文宝，2001；Basaglia 等，2010；Yu 和 Ravichandran，2015）。

在国际市场中，当新兴国际化企业拥有较强的知识整合能力时，企业可以将其获取的国际化知识资源通过加工、处理、利用，可以将其转化为企业具体的市场学习能力，以便进一步增强企业的市场学习能力（Autio，Sapienza 和 Almeida，2000；Sapienza 等，2006；Winter，2003）。而当新兴国际化企业知识整合能力较弱时，企业在整合、利用其所拥有的国际化知识资源过程中，转化为市场学习能力的效率和效果就会较低，难以有效发挥国际化知识资源的效率。对新兴国际化企业而言，企业会在不同的国际化阶段，收集多种类型的国际化知识，这些知识资源都需要转化为企业的市场学习能力，才能更为有效地发挥作用。而这就需要新兴国际化企业拥有一定的市场知识整合能力，以便更好地将知识的作用发挥出来，以提高企业的具体能力。通过以上章节的分析，本书发现，在不同的国际化阶段，新兴国际化企业的知识整合能力所包含的要素有所不同，因此还需要在后续研究中，探讨处于不同国际化阶段的新兴国际化企业的知识整合能力在国际化知识与其市场学习能力间的调节作用是否有所差异。因此，本书提出假设：

假设 4：知识整合能力在新兴国际化企业的国际化知识与其市场学习能力间，起正向的调节作用，即知识整合能力越高，国际化知识对市场学习能力的正向影响的作用越大。

四、市场动荡性的调节作用

对新兴国际化企业而言，随着企业进入国际市场，开展本土化经营和全球经营，企业需要不断积累国际化知识，提高自身的市场学习能力，进而期望奇高企业的市场适应性。而市场环境的动荡性会影响企业的运行、结构和决策制定，即便企业拥有较多资源和较强能力的情况下，市场环境的动荡复杂性，依然是对绩效具有显著的影响。这种动荡会影响新兴国际化企业的国际化发展轨迹、摧毁企业在国际市场中的适应能力、超越经验丰富管理者的理解（Mayer 等，1990；冯军政，2012）。

尽管一些研究者建议将市场动荡性等背景变量作为研究中的自变量，但在“能力—绩效”“战略—绩效”研究中，市场动荡性往往会在企业能力/战略与其市场适应性间起到一定的调节作用（Hoskisson 等，2000；Peng，2005；Zhou 和 Li，2007；Chen 等，2010；冯军政，2012；王睿智，2015）。作为背景条件，市场动荡性会对企业的不连续创新产生直接影响作用，直接影响企业层面的战略决策、行为举措与发展状况（Chen 等，

2010；冯军政，2012）。奥地利经济学派认为，企业家往往需要发现机会，获得的是临时性的竞争优势，只有在稳定的市场中才能寻求相对平衡与有利的市场位置（Jacobson，1992）；然而，机会稍纵即逝，即便企业拥有较强的市场学习能力，也会因为管理者或者领导者的积极性和竞争决策行为，丧失一些机会，导致企业难以适应市场环境的变化，降低了技术的连续发展型、降低了组织的惯性和竞争力。

高技术动荡性，会使企业必须持续追踪产品技术的发展，研发并探索新技术，新产品，必须打开新的视角，以捕获并创造新机会；高市场动荡性，要求企业必须了解市场需求的不稳定性和不确定性程度，包括顾客构成、顾客偏好变化的异质性和不稳定性，以及新顾客涌现的速度等（Jaworski 和 Kohli，1993；Slater 和 Narver，1994；Gatignon 和 Xuereb，1997；Helfat 等，2007；Lichtenthaler，2009；王睿智，2015），这就要求新兴国际化企业必须从不同的信息源获取多种类型的信息，启发试验以及采取多种市场竞争行为，降低企业惰性；高竞争动荡性，会使得企业必须应对外部竞争环境的变动，需要企业不断运用自己的能力，进行试验、探索、学习和掌握截然不同的新知识、新技术，以便在市场中占据有利位置，努力提高自身的利润率和市场份额，还要应对外部竞争者的敌对行为等。总之，市场动荡性能够影响新兴国际化企业的营销适应性、市场反应性和市场绩效。因此，本书提出假设：

假设 5：市场动荡性在市场学习能力与市场适应性间起负向的调节作用，即市场动荡性程度越高，市场学习能力对市场适应性的负向影响作用越大；

假设 5a：市场动荡性在市场学习能力与营销适应性间起负向的调节作用，即市场动荡性程度越高，市场学习能力对营销适应性的负向影响作用越大；

假设 5b：市场动荡性在市场学习能力与市场反应性间起负向的调节作用，即市场动荡性程度越高，市场学习能力对市场反应性的负向影响作用越大；

假设5c：市场动荡性在市场学习能力与市场绩效间起负向的调节作用，即市场动荡性程度越高，市场学习能力对市场绩效的负向影响作用越大。

综合以上理论推导和研究假设，本书提出以下研究模型：

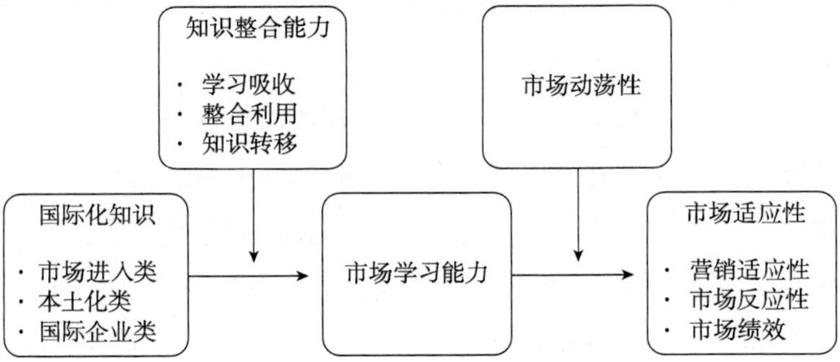

图4.1　本书的研究模型

第二节　实施过程

一、定量研究设计

首先，本书将根据文献综述和研究问题，选择合适的研究层面和分析单元，明确研究的概念和边界范围。同时，针对研究议题和主要概念进行前期探索性研究，通过专家小组讨论、新兴国际化企业管理者访谈，进行探测性的调研活动，就本书的相关议题征求意见，进一步的明晰研究议题和分析框架（许守任，2014）。其次，根据研究思路和核心该概念建立问项库，并初步完成调研问卷设计，通过向专家和新兴国际化企业管理者征求意见，并形成本研究的预调研问卷。再次，通过国家自然科学基金项目发放调查问卷进行预调研，然后根据预调研结果修正调研问卷，最终形成研究所用的正式调查问卷。最后，本书采用大规模问卷调查的方法，利用实地调查等方式发放问卷，并在规定时间内收回问卷，对调研数据进行统计分析；利用调研数据评价理论模型的拟合度及证实或证伪假设关系；量化方法作为嵌入式设计的主体和主导范式（许守任，2014）。

二、量表开发流程

（一）量表开发的基本流程

实证主义研究范式认为现实世界是客观的，客观规律和事实的存在使研究者可以进行科学的测量，以此来解释、预测变量间的因果关系。

Tashakkori 等（2010）、许守任（2014）、王睿智（2015）认为根据构念的性质，研究者可以使用一系列"量表"对构念进行测量，测量量表对资料分析具有重要的意义，对基于测量的推论类型也至关紧要。测量的目的就在于对这些理论构念的理解和定义，把抽象的概念具体化，找到合适的测量指标，从而对这些构念所代表的现象进行科学的描述、区分、解释和预测。在通过对命题中涉及的变量进行测量，进而对变量之间的关系进行直观的、量化的推断（陈晓萍、徐淑英、樊景立，2012）。

在管理学研究中，对研究对象的测量通常有两种方式：实验操纵和量表问卷。量表开发不仅是实证研究过程中的重要步骤，也是保证研究结论科学性和准确性的重要环节（王睿智，2015；许守任，2014）。在中国管理研究中的量表开发一般会面临两个方面的问题：一方面是研究者是否需要根据中国的管理问题来开发新量表，还是修改翻译国外文献中已有的成熟量表；另一方面是研究的构念和测量量表是否具有跨文化的普遍适用性。针对量表开发的这一问题，Farh 等（2006）提出了中国管理研究中量表开发的四种取向：直接翻译取向、修改取向、去情境化取向和情境化取向，以便研究者能够更好地在中国管理研究中测量相关量表（王睿智，2015；许守任，2014）。

尽管学者们普遍认为并没有一个唯一标准的量表开发程序（Hinskin，1998），但很多研究者对量表开发的步骤都具有普遍性的指导性意义，本书将按照罗胜强和姜嬿（2014）提出量表开发步骤开发量表，具体步骤有：（1）明确要测量的目标构念；（2）编写备选项目；（3）选择项目形式和答题方式；（4）筛选测量项目；（5）反复预试，并进行量表修订和检验。

本书的核心构念均能在现有文献中找到，并且已有研究学者针对构念给出了相应的测量量表和测量指标。本书拟在原有量表基础上进行修正和完善并用之于新兴国际化企业的测量之中。并且由于现有文献对关键构念的测量方法不一致，需要开发更具有一般性的构念测量量表，根据本书的混合研究设计，本书还需要根据质性资料对研究的量表进行调整和改进。

因此本书基于上述量表开发的总体流程，在某些具体的环节进行了改进和设计。

（二）本研究量表的开发流程

本书测量表的开发流程主要包括以下五个步骤：第一，根据文献明确本书的概念内涵，通过对国际化知识、市场学习能力、知识整合能力、市场动荡性等研究文献的阅读和梳理，在明确研究层面和主题的基础上形成研究问题，明确有待测量的概念及其维度框架。第二，依据本研究所要测量的概念建立分别测量题项库。首先，通过文献获取从不同视角探讨营销探索与开发的测量量表；其次，通过中英互译的方式将文献中的测量问项转换成中文题项，保证了进入本研究题项库的问项，能够保持其原有含义并以中文问项形式用之于后续的测量，形成成熟题项库。第三，根据案例资料和访谈资料分析，提炼出营销探索与开发的表现形式和测量表述，使用内容分析法增加特定的测量问项，补充到测量题项库中。第四，征求理论及实践领域的专家意见。一方面，利用学术交流活动邀请营销领域相关专家对所有构念的量表进行审阅评价，请他们从专业领域、问项特征和构念的清晰性等角度批判性的对问项进行评价。另一方面，利用不定期的企业调研机会，对营销管理者及高层管理者进行访谈。针对问卷的措辞、设计风格、表述清晰度等方面征求管理者的意见。请他们评阅并完成问卷，指出他们在填写问卷时感觉到的任何模糊性和困难；依据学术专家和管理者的意见或反馈信息，对题项库的问项再次进行修和完善，剔除了一些问项，提高了测量问项的专业性和精确性。第五，问卷预调研，通过自然科学基金项目的支持对问卷进行预调研发放，通过探索性分析，获得正式调研问卷。

第五章　问卷设计与小样本测试

根据本书的整体模型设计和研究思路，本章将针对研究模型中的变量，进行问卷设计和小样本测试。本章将要探讨的研究变量包括国际化知识、知识整合能力、市场学习能力和国际市场适应性等。为进一步对本研究的变量进行科学的检验，本章首先对研究变量进行概念定义化、维度识别与量表测量，然后通过问卷设计和小样本测试进行分析，以便净化量表。本章的具体内容安排是：首先，利用现有文献，对研究变量的内涵进行界定；其次，结合变量相关的定量和定性研究，确定变量所应包含的维度，构建变量的维度结构；再次，根据变量及其相关维度，初步设计出调查问卷；最后，通过预调研收集小样本数据，对研究中的各个变量进行探索性因子分析，以便对初始问卷进行净化，进而得到最终正式的调查问卷。

第一节　问卷设计

本书所涉及的变量包括国际化知识、知识整合能力、市场学习能力和国际市场适应性和市场动荡性等。本书参考罗胜强和姜嬿（2014）有关管理学问卷调查研究方法中所提到的问卷设计步骤，设计本书的调查问卷，具体步骤如下：(1）选取香港研究中成熟的量表；(2）基于本研究的目的及背景，对量表进行调整或修订，以便形成初步的调查问项，征求相关研究者的建议，并对调研的问项进行修订；（3）通过预调研收集小样本数据，以便对调研问项进一步筛选与修订；(4）将形成的调研量表发给相关研究者，再次征求专家建议，以便形成正式调研时使用的最终问卷。

本书采用问卷调查法，调研新兴国际化企业，受访者以匿名方式对企业的相关活动进行评判。本书中，所使用的量表主要采用的是 Likert 5 点式计分法，其他企业背景资料等情况则是由受访者依据真实填写。

一、国际化知识的测量

国际化知识是新兴国际化企业进入国际市场，参与本土与全球竞争的重要战略资源。本书借鉴 Blomstermo 等（2004)、Eriksson 等（2000）开发的国际化知识量表，并根据 Hilmersson（2012)，Sandberg（2014）在研究中使用的国际化知识测量量表，制定包括市场进入类、本土化类和国际企业类 3 个维度的测量量表，共 13 个问项。量表具体问项见表 5. 1。

表 5.1　国际化知识的测量条目

变量	维度	编号	测量问项
国际化知识	市场进入	IK1	公司会收集海外目标市场的信息资料，以便选择合适的进入模式
		IK2	公司会收集海外目标市场的信息资料，以便与海外客户建立合作
		IK3	公司会收集海外目标市场的信息资料，以便了解市场的法律法规
		IK4	公司会收集海外目标市场的信息资料，以便适应当地的文化环境
	本土化	IK5	公司在海外市场中搜集知识信息，以便开发出合适的商业模式
		IK6	公司在海外市场中搜集知识信息，以便采用适应海外经营模式
		IK7	公司在海外市场中搜集知识信息，以便建立海外市场供应链系统
		IK8	公司在海外市场中搜集知识信息，以便搭建起营销服务系统
	国际企业	IK9	公司收集国际企业的经营知识，以便采用新的管理结构
		IK10	公司收集国际企业的经营知识，以便采用新的管理信息系统
		IK11	公司收集国际企业的经营知识，以便采用新的信息分析系统
		IK12	公司收集国际企业的经营知识，以便采用国际人力资源管理方法
		IK13	公司收集国际企业的经营知识，以便采用项目管理方法进行管理

资料来源：本书整理。

二、知识整合能力的测量

知识整合能力是企业将已有知识和现有知识进行学习吸收、融合并转移出去的能力（Casillas 等，2009；Lichtenthaler，2009；Basaglia 等，2010；Gardner、Gino 和 Staats，2012）。本书在 Gold 等（2001）、Basaglia 等（2010）、Lichtenthaler（2009）所提出的知识整合能力量表的基础上，经过设计、修订，最终得到本书的预调研量表，共包含 12 条问项。具体问项见表 5.2。

表 5.2　知识整合能力的测量条目

变量	维度	编号	测量问项
知识整合能力	学习吸收	KI1	在工作中，我们公司可以有效地消化、吸收外部知识/经验
		KI2	在工作中，我们公司内部不同部门间能够相互学习
		KI3	在工作中，我们公司内部能够有效地分享市场/技术信息
		KI4	在工作中，我们公司内部不同部门间能够分享运营信息
	知识整合	KI5	在工作中，我们公司可以有效地分析外部的市场/技术信息
		KI6	在工作中，我们公司可以有效地消化、吸收外部知识/经验
		KI7	在工作中，我们团队/单位内的沟通是促进合作的
		KI8	在工作中，我们团队/单位内的沟通是及时的、支持性的
	知识转移	KI9	我们企业有方法，从分子公司收集知识信息，并汇总到总部
		KI10	我们企业有方法，可以将总公司收集的信息/知识，转移给分子公司
		KI11	我们企业有方法，可以将其他企业的技术、信息资源，转移到自己企业中
		KI12	我们企业有方法，可以将自己总结的知识信息，传递给其他公司

资料来源：本书整理。

三、市场学习能力的测量

市场学习能力是企业能够习得市场状况、消费者需求等多个方面的能力，能够帮助企业开发新产品，采用合适的营销策略等（Roberts 和 Palmer，2011），本书借鉴 Roberts 和 Palmer（2011）的研究，开发市场学习能力量表，共 5 条问项，来测量新兴国际化企业的市场学习能力。具体问项见表 5.3。

表 5.3　市场学习能力的测量条目

变量	编号	测量问项
市场学习能力	ML1	在市场中，我们掌握新市场/新技术方面的信息
	ML2	在市场中，我们能够把握市场/技术的发展趋势
	ML3	在市场中，我们拥有新市场/新技术信息的外部来源
	ML4	在市场中，我们能够多方面收集市场/行业/技术方面的信息
	ML5	在市场中，我们更加了解市场状况、技术发展和客户需求

资料来源：本书整理。

四、国际市场适应性的测量

国际市场适应性是指企业能够感知并把握潜在的国际市场机遇（Chakravarthy 1982；Hooley 等，1992；Miles 和 Snow 1978），是国际企业最理想的生存状态（Chakravarthy 1982）。Benner 和 Tushman（2003）的研究更进一步探讨了国际市场适应性的维度划分，他们利用市场反应性与绩效来衡量市场适应性。本书借鉴 Benner 和 Tushman（2003）、王睿智（2015）、Slangen 和 Dikova（2014）的量表，从营销适应性、市场反应性和市场绩效，来衡量新兴国际化企业的市场适应性，共 3 个维度，每个维度 4 个问项，共 12 条测量问项。量表具体测量问项如表 5.4 所示。

表 5.4 国际市场适应性的测量条目

变量	维度	编号	测量问项
国际市场适应性	营销适应性	IA1	相比竞争对手，我们的营销策略，更能适应当地市场
		IA2	相比竞争对手，我们的产品/服务，更能满足客户的实际需求
		IA3	相比竞争对手，我们的产品/服务，更符合客户的文化特征
		IA4	相比竞争对手，我们的营销宣传，更能赢得客户的关注
	市场反应性	IA5	当发现顾客不满意时，我们立刻会做出反应
		IA6	当发现需要我们改进产品时，我们会全力以赴
		IA7	我们以积极的态度对顾客需求做出反应
		IA8	我们会及时进入新市场
	市场绩效	IA9	相比主要的竞争对手，我们实现了更高的市场份额
		IA10	相比主要的竞争对手，我们能够与客户保持更好的关系
		IA11	相比主要的竞争对手，我们具有更高的顾客满意度
		IA12	相比主要的竞争对手，我们的销售增长率更高

资料来源：本书整理。

五、市场动荡性的测量

市场环境是企业赖以生存和发展的基础，环境及其相关要素很早就引起了战略管理理论和组织理论学者的关注。在市场导向研究中，Jaworski

和 Kohli（1993）已经开始关注市场动荡性对企业绩效的影响。本书参考 Jaworski 和 Kohli（1993），Calantone 等（2003）等人的研究，形成了 5 个问项来测量市场动荡性。具体问项见表 5.5。

表 5.5　市场动荡性的测量条目

变量	编号	测量问项
市场动荡性	MT1	我们很难预测市场需求的变化
	MT2	我们很难预测顾客偏好的变化
	MT3	新顾客对产品/服务的需求，与老顾客的需求明显不同
	MT4	我们需要不断推出新产品/服务，才能迎合顾客的需求
	MT5	很难预测未来的 2 - 3 年，我们所处的行业将会出现何种新技术

资料来源：本书整理。

六、新兴国际化企业背景的测量

通过前文的文献回顾可知，企业背景对其绩效、能力等方面产生影响，尤其是企业性质、行业、规模等变量，对企业的绩效、能力等方面可能产生较大影响。因而，本书在调查问卷中增加对新兴国际化企业背景的调查，以便将其中的一些背景变量作为本书的控制变量。

第二节 小样本测试

从2014年10份开始，本书在天津、北京两地发放问卷100份，收集新兴国际化企业的样本数据。经过统计回收有效问卷46份，回收率为46%。本书将用这些样本对问卷进行测试，修订后以便进行大规模发放。

一、预测试检验标准

鉴于本书中所使用的变量测量表中包含多个条目，且这些变量的量表主要是源自外文文献，因此本研究系统通过CITC（Corrected Item Total Correction）分析，达到净化量表的作用。同时，本研究将参考高海霞（2004）、卢纹岱（2002）等研究所使用的问卷筛选标准，即CITC应该>0.5，KMO>0.6，Cronbachα>0.7，因子载荷>0.5。通过使用以上数据的比对，本书将对各个变量的测量量表进行修订与净化，以便得到正式调研问卷。

二、量表测试检验

（一）国际化知识的净化与探索性因子分析

（1）CITC 与信度分析

表 5.6 国际化知识量表的 CITC 和信度分析

测试条目	CITC	删除该条目后 Cronbach α 值	各维度的 Cronbach α 值	量表总体 Cronbach α 系数
IK1	0.679	0.742	0.730	0.851
IK2	0.817	0.593		
IK3	0.717	0.688		
IK4	0.773	0.647		
IK5	0.640	0.791	0.748	
IK6	0.794	0.646		
IK7	0.840	0.606		
IK8	0.769	0.702		
IK9	0.745	0.737	0.756	
IK10	0.661	0.741		
IK11	0.802	0.656		
IK12	0.834	0.646		
IK13	0.674	0.732		

资料来源：本书整理。

从表5.6中可以看出，国际化知识量表各个问项的 CITC 值均较高，均高于0.5，量表的 Cronbach α 系数为0.851，都能达到先前所制定的标准。

（2）KMO 值和 Bartlett’s 球形检验

表 5.7 国际化知识量表的 KMO 值和 Bartlett’s 球形检验

Kaiser - Meyer - Olkin 取样适当性		0.628
Bartlett 球形检验	卡方值	315.848
	自由度	54
	显著性	0.000

资料来源：本书整理。

从表5.7中可以看出，国际化知识量表的KMO值为0.628，显著性为0.000，符合因子分析所要求的条件。

（3）探索性因子分析

本书利用主成分分析法对国际化知识变量的问项进行提取因素，得到13条问项的国际化知识量表提取出3个因子，其特征值分别为4.869、1.763、1.154，累计方差解释率为64.881%，符合研究要求。然而国际化知识中IK13的因子载荷分别落在F2和F3中，这可能是因为新兴国际化企业早已经开始使用项目管理方法导致的，故在国际化知识量表中，应该将该问项删除。

表5.8　国际化知识量表的探索性因子分析结果

变量条目	因子载荷		
	F1	F2	F3
IK1	0.872		
IK2	0.761		
IK3	0.764		
IK4	0.605		
IK5			0.503
IK6			0.722
IK7			0.717
IK8			0.654
IK9		0.849	
IK10		0.784	
IK11		0.798	
IK12		0.764	
IK13		0.497	0.444
特征值	4.869	1.763	1.154
方差解释率%	40.575	14.688	9.618
累计方差解释率%	40.575	55.263	64.881

资料来源：本书整理。

（二）知识整合能力量表的净化与探索性因子分析

（1）CITC 与信度分析

表 5.9　知识整合能力的 CITC 和信度分析

测试条目	CITC	删除该条目后 Cronbach α 值	各维度的 Cronbach α 值	量表总体 Cronbach α 系数
KI1	0.833	0.920	0.912	0.898
KI2	0.911	0.875		
KI3	0.910	0.873		
KI4	0.908	0.873		
KI5	0.845	0.848	0.879	
KI6	0.864	0.841		
KI7	0.842	0.854		
KI8	0.883	0.836		
KI9	0.777	0.787	0.818	
KI10	0.778	0.782		
KI11	0.875	0.715		
KI12	0.789	0.793		

资料来源：本书整理。

从表 5.9 中可以看出，知识整合能力的各个条目的 CITC 均在 0.5 以上，变量及其维度的 Cronbach α 系数均达到 0.7 以上，变量的信度为 0.898。

（2）KMO 值和 Bartlett’s 球形检验

表 5.10　知识整合能力量表的 KMO 值和 Bartlett’s 球形检验

Kaiser - Meyer - Olkin 取样适当性		0.778
Bartlett 球形检验	卡方	430.396.117
	自由度	54
	显著性	0.000

资料来源：本书整理。

从表 5.10 中可以看出，知识整合能力量表的 KMO 值为 0.778，显著性为 0.000，符合因子分析所要求的条件。

(3) 探索性因子分析

通过主成分分析法分析，得到12条问项的感知利益量表提取出3个因子，其特征值为5.771、1.823和1.332，累计方差解释率为74.388%，符合研究要求。

表5.11　知识整合能力量表的探索性因子分析结果

变量条目	因子载荷		
	F1	F2	F3
KI1		0.805	
KI2		0.858	
KI3		0.810	
KI4		0.837	
KI5	0.819		
KI6	0.817		
KI7	0.792		
KI8	0.747		
KI9			0.843
KI10			0.690
KI11			0.875
KI12			0.645
特征值	5.771	1.823	1.332
方差解释率%	48.095	15.195	11.098
累计方差解释率%	48.095	63.290	74.388

资料来源：本书整理。

(三)市场学习能力量表的净化与探索性因子分析

(1)CITC与信度分析

表5.12 市场学习能力量表的CITC和信度分析

测试条目	CITC	删除该条目后 Cronbach α 值	量表总体 Cronbach α 系数
IL1	0.670	0.771	0.793
IL2	0.825	0.724	
IL3	0.839	0.706	
IL4	0.665	0.775	
IL5	0.693	0.777	

资料来源:本书整理。

从表5.12中可以看出,市场学习能力量表的CITC值均在0.5以上,量表总体的Cronbach α值均在0.7以上,说明该量表符合研究要求。

(2)KMO值和Bartlett's球形检验

表5.13 市场学习能力量表的KMO值和Bartlett's球形检验

Kaiser - Meyer - Olkin 取样适当性		0.784
Bartlett 球形检验	卡方	79.712
	自由度	10
	显著性	0.000

资料来源:本书整理。

从表5.13中可以看出,市场学习能力量表的KMO值为0.784,显著性为0.000,符合因子分析所要求的条件。

(3)探索性因子分析

通过主成分分析法分析,得到5条问项的市场学习能力量表提取出1个因子,其特征值为3.264,累计方差解释率为65.272%,符合研究要求。

表 5.14　市场学习能力量表的探索性因子分析结果

变量	条目	因子载荷
市场学习能力	ML1	0.708
	ML2	0.809
	ML3	0.848
	ML4	0.675
	ML5	0.658
特征值	3.264	3.264
累计方差解释率%	65.272	65.272

资料来源：本书整理。

（四）国际市场适应性量表的净化与探索性因子分析

（1）CITC 与信度分析

表 5.15　国际市场适应性的 CITC 和信度分析

测试条目	CITC	删除该条目后 Cronbach α 值	各维度的 Cronbach α 值	量表总体 Cronbach α 系数
IA1	0.795	0.679	0.764	0.902
IA2	0.732	0.732		
IA3	0.805	0.669		
IA4	0.733	0.748		
IA5	0.784	0.791	0.825	
IA6	0.881	0.725		
IA7	0.800	0.798		
IA8	0.795	0.806		
IA9	0.646	0.842	0.779	
IA10	0.861	0.648		
IA11	0.763	0.725		
IA12	0.848	0.664		

资料来源：本书整理。

从表 5.15 中可以看出，国际市场适应性的各个条目的 CITC 均在 0.5 以上，国际市场适应性的各个维度的 Cronbach α 系数都达到了 0.7 以上，变量的信度达到0.902。

（2）KMO值和Bartlett’s球形检验

表5.16 国际市场适应性量表的KMO值和Bartlett’s球形检验

Kaiser - Meyer - Olkin 取样适当性		0.877
Bartlett 球形检验	卡方	306.794
	自由度	54
	显著性	0.000

资料来源：本书整理。

从表5.16中可以看出，国际市场适应性量表的KMO值为0.877，显著性为0.000，符合因子分析所要求的条件。

（3）探索性因子分析

通过主成分分析法分析，得到12条问项的国际市场适应性量表提取出3个因子，其特征值为5.578、2.241和1.313，累计方差解释率为77.749%，符合研究要求。

表5.17 国际市场适应性量表的探索性因子分析结果

变量条目	因子载荷		
	F1	F2	F3
IA1	0.734		
IA2	0.749		
IA3	0.801		
IA4	0.607		
IA5			0.699
IA6			0.612
IA7			0.687
IA8			0.683
IA9		0.645	
IA10		0.855	
IA11		0.705	
IA12		0.826	
特征值	5.758	2.241	1.313

续表

变量条目	因子载荷		
	F1	F2	F3
方差解释率%	47.982	18.675	11.092
累计方差解释率%	47.982	66.657	77.749

资料来源：本书整理。

（五）市场动荡性量表的净化与探索性因子分析

（1）CITC与信度分析

表5.18 市场动荡性量表的CITC和信度分析

测试条目	CITC	删除该条目后 Cronbach α 值	量表总体 Cronbach α 系数
MT1	0.789	0.747	0.804
MT2	0.725	0.780	
MT3	0.760	0.758	
MT4	0.724	0.794	
MT5	0.771	0.756	

资料来源：本书整理。

从表5.18中可以看出市场动荡性量表的CITC值均在0.5以上，量表总体的Cronbach α值均在0.7以上，说明该量表符合研究要求。

（2）KMO值和Bartlett's球形检验

表5.19 市场动荡性量表的KMO值和Bartlett's球形检验

Kaiser - Meyer - Olkin 取样适当性		0.718
Bartlett 球形检验	卡方	101.623
	自由度	10
	显著性	0.000

资料来源：本书整理。

从表5.19中可以看出，市场动荡性量表的KMO值为0.718，显著性为0.000，符合因子分析所要求的条件。

（3）探索性因子分析

通过主成分分析法分析，得到5条问项的市场动荡性量表提取出1个因子，其特征值为3.856，累计方差解释率为67.114%，符合研究要求。

表5.20　市场动荡性量表的探索性因子分析结果

变量	条目	因子载荷
国际学习能力	ML1	0.743
	ML2	0.746
	ML3	0.706
	ML4	0.839
	ML5	0.822
特征值	3.856	3.856
累计方差解释率%	67.114	67.114

资料来源：本书整理。

三、正式问卷的确定

经过上述分析与检验并征询相关研究者的意见，本书将修改后的调查问卷与多位组织行为学研究者进行讨论，对净化后的问卷做了进一步的修订，对其中一些条目的措辞进行了调整，并最终形成了确立了以下条目。

表5.21　正式调研中研究变量的测量条目

变量	编号	问项
国际市场知识	IK1	公司会收集海外目标市场的信息资料，以便选择合适的进入模式
	IK2	公司会收集海外目标市场的信息资料，以便与海外客户建立合作
	IK3	公司会收集海外目标市场的信息资料，以便了解市场的法律法规
	IK4	公司会收集海外目标市场的信息资料，以便适应当地的文化环境
	IK5	公司在海外市场中搜集知识信息，以便开发合适的商业模式
	IK6	公司在海外市场中搜集知识信息，以便采用适应海外经营模式
	IK7	公司在海外市场中搜集知识信息，以便建立海外市场供应链系统
	IK8	公司在海外市场中搜集知识信息，以便搭建营销服务系统
	IK9	公司收集国际企业的经营知识，以便采用新的管理结构
	IK10	公司收集国际企业的经营知识，以便采用新的管理信息系统
	IK11	公司收集国际企业的经营知识，以便采用新的信息分析系统
	IK12	公司收集国际企业的经营知识，以便采用国际人力资源管理方法

续表

变量	编号	问项
知识整合能力	KI1	在工作中，我们公司可以有效地消化、吸收外部知识/经验
	KI2	在工作中，我们公司内部不同部门间能够相互学习
	KI3	在工作中，我们公司内部能够有效地分享市场/技术信息
	KI4	在工作中，我们公司内部不同部门间能够分享运营信息
	KI5	在工作中，我们公司可以有效地分析外部的市场/技术信息
	KI6	在工作中，我们公司可以有效地消化、吸收外部知识/经验
	KI7	在工作中，我们团队/单位内的沟通是促进合作的
	KI8	在工作中，我们团队/单位内的沟通是及时的、支持性的
	KI9	我们企业有方法，从分子公司收集知识信息，并汇总到总部
	KI10	我们企业有方法，可以将总公司收集的信息/知识，转移给分子公司
	KI11	我们企业有方法，可以将其他企业的技术、信息资源，转移到企业中
	KI12	我们企业有方法，可以将自己总结的知识信息，传递给其他公司
市场学习能力	ML1	在市场中，我们掌握新市场/新技术方面的信息
	ML2	在市场中，我们能够把握市场/技术的发展趋势
	ML3	在市场中，我们拥有新市场/新技术信息的外部来源
	ML4	在市场中，我们能够多方面收集市场/行业/技术方面的信息
	ML5	在市场中，我们更加了解市场状况、技术发展和客户需求
市场适应性	IA1	相比竞争对手，我们的营销策略，更能适应当地市场
	IA2	相比竞争对手，我们的产品/服务，更能满足客户的实际需求
	IA3	相比竞争对手，我们的产品/服务，更符合客户的文化特征
	IA4	相比竞争对手，我们的营销宣传，更能赢得客户的关注
	IA5	当发现顾客不满意时，我们立刻会做出反应
	IA6	当发现需要我们改进产品时，我们会全力以赴
	IA7	我们以积极的态度对顾客需求做出反应
	IA8	我们会及时进入新市场
	IA9	相比主要的竞争对手，我们实现了更高的市场份额
	IA10	相比主要的竞争对手，我们能够与客户保持更好的关系
	IA11	相比主要的竞争对手，我们具有更高的顾客满意度
	IA12	相比主要的竞争对手，我们的销售增长率更高

续表

变量	编号	问项
市场动荡性	MT1	我们很难预测市场需求的变化
	MT2	我们很难预测顾客偏好的变化
	MT3	新顾客对产品/服务的需求，与老顾客的需求明显不同
	MT4	我们需要不断推出新产品/服务，才能迎合顾客的需求
	MT5	很难预测未来的 2 ~ 3 年，我们所处的行业将会出现何种新技术

资料来源：本书整理。

第六章 研究数据与实证分析

本书采用问卷调查法，调研新兴国际化企业的国际化行为，着力调研新兴国际化企业所收集的国际化知识和所处的国际化阶段。首先，本章将就数据收集过程和正式调研的样本情况进行说明。其次，本章将采用验证性因子分析法，对所收集到的数据进行验证性分析，以评估数据质量；最后，本章将对假设模型进行验证，得出实证分析结果，以便在后续章节中书写本研究的结论与讨论等内容。

第一节　研究数据的收集与描述

一、数据收集

本书选择从事国际化经营业务的新兴国际化企业为研究对象。本次调研主要是依托国家自然科学基金项目“企业营销探索与开发战略及其对国际市场适应性的影响研究”（项目编号：71472097）的资助。作为该项目的主要参与者，笔者选择新兴国际化企业作为研究对象是对以往研究的延伸，也具备数据获取便利性的优势。

本书借鉴以往研究，对新兴国际化企业进行了严格界定，以便调研的企业属于新兴国际化企业，属于本研究的样本范畴。本书选取新兴国际化企业主要的界定标准有：（1）企业从成立到开始国际化经营，时间不超过6年；（2）企业国际销售额占总销售额的25%以上；（3）目前从事国际化经营活动1年以上；（4）企业从事的国际化经营活动包括直接或间接的出口贸易、设立海外销售分支机构、建立合资企业、海外直接投资、建立独资企业以及通过电子商务开展国际商务活动等。

本书的具体调研对象是新兴国际企业的中高层管理者既包括企业董事长、总经理、营销部长/经理等高层管理者，也包括营销部门、市场部门和战略部门的部门经理，以及海外市场区域的主要负责人。由于本书探讨的是新兴国际化企业，国际化知识获取和市场学习等方面的问题，而企业的高层管理者对企业的这些活动较为了解。因此，本书的被访者主要是企业的中高层人员或者海外营销运作的主要负责人。

从2014年12月至2015年6月30日，本书利用问卷调查法，在天津、北京、上海、广东、浙江、山东、辽宁等地对新兴国际化企业进行调查。本书发放纸质版调查问卷为主，部分通过电子问卷收集一些数据。本书共发放问卷600份，回收246份，经过筛选，剔除不是新兴国际化企业的样本，并剔除未完成问卷和连续出现同一选项6次以上者（含6次），最终得到有效问卷173份，有效率为28.83%。

二、大样本的统计描述

（一）新兴国际化企业特征描述

表6.1　新兴国际化企业特征描述统计

特征	类别	数量	占比%
企业性质	国有及控股	39	22.54
	民营及控股	117	67.63
	外资及控股	17	9.83
企业规模（员工人数）	100人以下	37	21.39
	100~500人	62	35.84
	501~1000人	29	16.76
	1000人以上	45	26.01
所属行业	制造业	145	83.82
	服务业	28	16.18
海外销售额占比	25%-30%	65	37.57
	30%-50%	48	27.75
	50%-70%	43	24.86
	70%以上	17	9.83
国际化年限	1年及以下	12	6.94
	2~5年	36	20.81
	6~10年	65	37.57
	10年以上	60	34.68

续表

特征	类别	数量	占比
经营阶段	海外市场进入阶段	82	47.40
	本土化经营阶段	59	34.10
	国际企业经营阶段	32	18.50

资料来源：本书整理。

从表6.1中可以看出，本次调研得到的新兴国际化企业较为符合新兴国际化企业的特点。这些企业既有国有企业，也有民营和外资企业，其中民营企业占据大多数；企业的规模也有较大差异，由于营业额的差异较大，故本研究用员工数量来统计企业规模；本书的企业样本所属行业主要是制造业和服务业，这些企业所属的行业类型包括纺织/服装/鞋帽、木材/家具、造纸/印刷/文教/工美/体育/玩具、化学/化工/日用、塑料/橡胶/纤维、非金属（玻璃/陶瓷/水泥/石灰/石膏等）、金属冶炼/加工/制品、通用设备制造业、专用设备制造业、电气/器材/电器/仪表器具、医疗器械、计算机、通信和其他电子设备制造业、汽车制造、交通运输设备（铁路、船舶等）、金融服务、租赁、物流等类别。同时，此次调研的新兴国际化企业，其海外销售额都在25%以上，25%~50%地占据大多数，企业成立时间也多在5年以上，开展国际化经营的多在2年及以上。通过上述资料的描述分析，本书可以发现这些新兴国际化企业具有较强的代表性，符合本书的主题。

（二）研究变量的统计描述

本书对问卷中国际化知识、知识整合能力、市场学习能力、国际市场适应性和市场动荡性等变量进行描述性统计分析，受访样本在各构念的均值、标准差、峰度以及偏度等统计数据，见表6.2。

表 6.2　研究变量的描述性统计表

变量	编号	均值	标准差	峰度	偏度	变量或维度均值	
国际化知识	IK1	4.496	0.840	-0.963	0.560	4.509	3.923
	IK2	4.514	0.780	-0.877	0.648		
	IK3	4.327	0.771	-0.477	-0.385		
	IK4	4.700	0.817	-0.424	-0.380		
	IK5	4.107	0.966	-1.099	0.992	4.113	
	IK6	4.089	0.721	-0.438	0.044		
	IK7	4.182	0.748	-0.312	-1.127		
	IK8	4.074	0.887	-0.485	-0.797		
	IK9	3.254	0.876	-0.882	0.267	3.150	
	IK10	3.179	0.917	-1.103	1.290		
	IK11	3.164	1.128	-0.460	-0.537		
	IK12	3.002	0.899	-0.327	0.073		
知识整合能力	KI1	4.591	0.936	-1.327	1.605	4.684	4.088
	KI2	4.471	1.042	-0.747	-0.298		
	KI3	4.782	1.197	-0.703	-0.362		
	KI4	4.891	1.031	-0.828	0.520		
	KI5	4.375	0.776	-1.017	0.282	4.151	
	KI6	4.112	0.916	-0.569	-0.946		
	KI7	4.099	1.045	-0.894	0.206		
	KI8	4.017	1.003	-0.568	-0.488		
	KI9	3.536	1.144	-0.356	-0.515	3.429	
	KI10	3.482	1.321	-0.426	-0.850		
	KI11	3.268	1.368	-0.462	-0.963		
	KI12	3.429	1.263	-0.479	-0.658		
市场学习能力	ML1	4.411	0.826	-0.401	-0.770	4.172	
	ML2	4.304	0.971	-1.308	0.993		
	ML3	4.036	0.953	-1.520	1.975		
	ML4	4.143	1.052	-0.727	-0.356		
	ML5	3.964	0.990	-1.170	0.602		

续表

变量	编号	均值	标准差	峰度	偏度	变量或维度均值	
国际市场适应性	IA1	4.518	0.786	-0.742	-0.384	4.377	4.362
	IA2	4.464	0.738	-1.925	1.680		
	IA3	4.309	0.858	-1.282	1.169		
	IA4	4.218	0.875	-1.384	1.637		
	IA5	4.732	0.587	-0.964	0.259	4.500	
	IA6	4.214	0.929	-0.666	0.375		
	IA7	4.482	0.853	-0.872	-0.319		
	IA8	4.571	0.657	-1.676	1.067		
	IA9	4.196	0.796	-1.272	0.454	4.210	
	IA10	4.286	0.868	-0.597	-0.473		
	IA11	4.214	0.868	-1.466	1.812		
	IA12	4.143	0.862	-1.130	1.763		
市场动荡性	MT1	4.054	0.942	-0.462	-1.042	4.111	
	MT2	4.304	0.893	-0.785	0.420		
	MT3	4.250	0.745	-0.808	-0.831		
	MT4	4.196	0.749	-0.445	-1.055		
	MT5	3.750	0.879	-0.341	-1.123		

资料来源：本书整理。

从表6.2中可以看出，国际化知识和知识整合能力的各个维度得分差异较大，国际化知识和知识整合能力的3个维度得分成递减趋势，也能间接说明新兴国际化企业缺乏本土化类和国际企业类的国际化知识，这和第三章的探索性研究结论较为契合；其他变量，如市场学习能力、市场动荡性，以及国际市场适应性及其维度的得分差异较小。本书还发现，新兴国际化企业所面临的市场环境是动荡的，样本中市场动荡性得分较高。同时，从表中可以看出，通过对数据进行正态性检验时，一般认为，当偏度绝对值 <3，峰度绝对值 <10 时，可以认为其基本符合正态分布。由上表可以看出，本研究的数据偏度 <2，峰度 <2，因此可以进行下一步的分析。

第二节　数据质量评估

在本节中，本书将使用 SPSS 和 AMOS 数据分析软件，首先对数据的信度进行评估，其次分析数据的效度。

一、数据信度评估

本书对所收集数据进行信度检验，发现各变量及维度的 Cronbach α 均在 0.7 以上，这说明该数据符合进一步统计处理的要求。

表 6.3　各变量及其维度信度检验汇总

变量及维度		条目	Cronbach α 值	
国际化知识	市场进入	IK1、IK2、IK3、IK4	0.811	0.901
	本土化	IK5、IK6、IK7、IK8	0.827	
	国际企业	IK9、IK10、IK11、IK12	0.876	
知识整合能力	学习吸收	KI1、KI2、KI3、KI4	0.809	0.863
	整合利用	KI5、KI6、KI7、KI8	0.827	
	知识转移	KI9、KI10、KI11、KI12	0.799	
市场学习能力		ML1、ML2、ML3、ML4、ML5	0.821	
国际市场适应性	营销适应	IA1、IA2、IA3、IA4	0.798	0.829
	市场反应	IA5、IA6、IA7、IA8	0.795	
	市场绩效	IA9、IA10、IA11、IA12	0.831	
市场动荡性		MT1、MT2、MT3、MT4、MT5	0.832	

资料来源：本书整理。

二、数据效度评估

本书将用验证性因子分析法（CFA）对变量数据进行结构效度测量，所使用的工具是 Amos 20.0，并计算各变量的建构信度（Composite Reliability，CR）和平均方差萃取率（Average Variance Extracted，AVE）来检测模型的效度。CR 值应达到0.7 以上，而 AVE 值应达到0.5 或以上。

（一）国际化知识的效度评估

通过对国际化知识变量进行验证性因子分析得到，国际化知识变量各个条目的 λ 和残差，见表 6.4。此外，我们还得到模型的拟合指标，见表 6.5。由其模型拟合指标可知，可以接受该模型。通过计算，本文得到关系质量变量（三维度）的建构信度分别为 0.813、0.830 和 0.877，AVE 分别为：0.525、0.553 和 0.642。

表 6.4　国际化知识变量的验证性因子分析结果

维度	条目	λ	残差	建构信度	AVE
市场进入类	IK1	0.76	0.42	0.813	0.525
	IK2	0.69	0.52		
	IK3	0.61	0.63		
	IK4	0.82	0.33		
本土化类	IK5	0.85	0.28	0.830	0.553
	IK6	0.81	0.34		
	IK7	0.64	0.59		
	IK8	0.65	0.58		
国际企业类	IK9	0.81	0.34	0.877	0.642
	IK10	0.87	0.24		
	IK11	0.77	0.41		
	IK12	0.75	0.44		

资料来源：本书整理，N = 173。

表 6.5 国际化知识验证性因子分析主要拟合指标一览表

拟合指数	χ^2	df	χ^2/ df	RMSEA	CFI	NFI	AGFI	GFI
拟合很好			(0, 2]	<0.05	>0.95	>0.95	>0.9	>0.95
可以接受			(2, 5]	<0.10	>0.9	>0.9	>0.8	>0.8
模型	373.84	198	1.884	0.078	0.93	0.92	0.84	0.92

资料来源：本书整理，N = 173。

（二）知识整合能力的效度评估

通过对知识整合能力变量进行验证性因子分析得到，知识整合能力变量各个条目的 λ 和残差，见表 6.6。此外，我们还得到模型的拟合指标，见表 6.7。由其模型拟合指标可知，可以接受该模型。通过计算，本文得到知识整合能力变量（三维度）的建构信度分别为 0.811、0.826 和 0.803，AVE 分别为：0.520、0.546 和 0.505。

表 6.6 知识整合能力变量的验证性因子分析结果

变量维度	条目	λ	残差	建构信度	AVE
学习吸收	KI1	0.79	0.38	0.811	0.520
	KI2	0.68	0.54		
	KI3	0.62	0.62		
	KI4	0.78	0.39		
整合利用	KI5	0.82	0.32	0.826	0.546
	KI6	0.80	0.36		
	KI7	0.65	0.58		
	KI8	0.67	0.55		
知识转移	KI9	0.70	0.51	0.803	0.505
	KI10	0.68	0.54		
	KI11	0.74	0.45		
	KI12	0.72	0.48		

资料来源：本书整理，N = 173。

表 6.7　知识整合能力验证性因子分析主要拟合指标一览表

拟合指数	χ^2	df	χ^2/ df	RMSEA	CFI	NFI	AGFI	GFI
拟合很好			(0, 2]	<0.05	>0.95	>0.95	>0.9	>0.95
可以接受			(2, 5]	<0.10	>0.9	>0.9	>0.8	>0.8
模型	389.28	201	1.937	0.079	0.93	0.92	0.83	0.92

资料来源：本书整理，N = 173。

（三）市场学习能力的效度评估

通过对市场学习能力变量进行验证性因子分析得到，市场学习能力各个条目的 λ 和残差，见表 6.8。此外，我们还得到模型的拟合指标，见表 6.9。由其模型拟合指标可知，可以接受该模型。通过计算，本文得到市场学习能力的建构信度为 0.828，AVE 为 0.500。

表 6.8　市场学习能力变量的验证性因子分析因子分析结果

变量维度	条目	λ	残差	建构信度	AVE
市场学习能力	ML1	0.70	0.51	0.828	0.500
	ML2	0.62	0.62		
	ML3	0.86	0.26		
	ML4	0.64	0.59		
	ML5	0.67	0.55		

资料来源：本书整理，N = 173。

表 6.9　市场学习能力验证性因子分析主要拟合指标一览表

拟合指数	χ^2	df	χ^2/ df	RMSEA	CFI	NFI	AGFI	GFI
拟合很好			(0, 2]	<0.05	>0.95	>0.95	>0.9	>0.95
可以接受			(2, 5]	<0.10	>0.9	>0.9	>0.8	>0.8
模型	113.32	64	1.771	0.075	0.94	0.94	0.85	0.94

资料来源：本书整理，N = 173。

（四）国际市场适应性的效度评估

表 6.10 国际市场适应性变量的验证性因子分析结果

维度	条目	λ	残差	建构信度	AVE
营销适应性	IA1	0.74	0.45	0.802	0.505
	IA2	0.67	0.55		
	IA3	0.62	0.62		
	IA4	0.80	0.36		
市场反应性	IA5	0.72	0.48	0.800	0.501
	IA6	0.74	0.45		
	IA7	0.69	0.52		
	IA8	0.68	0.54		
市场绩效	IA9	0.78	0.39	0.834	0.559
	IA10	0.81	0.34		
	IA11	0.74	0.45		
	IA12	0.65	0.58		

资料来源：本书整理，N＝173。

通过对国际市场适应性变量进行验证性因子分析得到，国际市场适应性变量各个条目的λ和残差，见表6.10。此外，我们还得到模型的拟合指标，见表6.11。由其模型拟合指标可知，可以接受该模型。通过计算，本文得到国际市场适应性变量（三维度）的建构信度分别为0.802、0.800和0.834，AVE分别为：0.505、0.501和0.559。

表 6.11 国际市场适应性验证性因子分析主要拟合指标一览表

拟合指数	χ^2	df	χ^2/df	RMSEA	CFI	NFI	AGFI	GFI
拟合很好			(0，2]	<0.05	>0.95	>0.95	>0.9	>0.95
可以接受			(2，5]	<0.10	>0.9	>0.9	>0.8	>0.8
模型	419.13	196	2.138	0.080	0.90	0.92	0.81	0.90

资料来源：本书整理，N＝173。

（五）市场动荡性的效度评估

通过对市场动荡性变量进行验证性因子分析得到，市场动荡性各个条目的λ和残差，见表6.12。此外，我们还得到模型的拟合指标，见表6.13。由其模型拟合指标可知，可以接受该模型。通过计算，本书得到市场动荡性的建构信度为0.834，AVE为0.503。

表6.12 市场动荡性变量的验证性因子分析因子分析结果

变量	条目	λ	残差	建构信度	AVE
市场动荡性	MT1	0.76	0.43	0.834	0.503
	MT2	0.64	0.59		
	MT3	0.81	0.34		
	MT4	0.64	0.59		
	MT5	0.68	0.54		

资料来源：本书整理，N＝173。

表6.13 市场动荡性验证性因子分析主要拟合指标一览表

拟合指数	χ^2	df	χ^2/df	RMSEA	CFI	NFI	AGFI	GFI
拟合很好			(0，2]	<0.05	>0.95	>0.95	>0.9	>0.95
可以接受			(2，5]	<0.10	>0.9	>0.9	>0.8	>0.8
模型	128.90	67	1.924	0.078	0.92	0.92	0.83	0.92

资料来源：本书整理，N＝173。

第三节　实证分析

在本节中，本文将通过实证分析，以验证研究假设，为下一章节得出相应的研究结论做铺垫。本节将首先，对收集到的173份新兴国际化企业的样本数据进行总体性的假设分析；其次，本书将173份样本，按照新兴国际化企业的国际化阶段进行分类，分别对处于不同国际化阶段的新兴国际化企业进行分析。

一、总体样本研究模型分析

（一）相关性分析

为检验双变量间的相关性，本书对所收集的样本总体数据进行Pearson相关性分析。从表6.14中可以看出，国际化知识、知识整合能力、市场学习能力、国际市场适应性和市场动荡性，两两相关，且呈显著相关关系。新兴国际化企业的国际化知识资源与其市场学习能力，呈显著正相关关系（$\beta = 0.423$，$P < 0.01$）；同时，新兴国际化企业的国际化知识与其国际市场适应性间的关系，呈显著正相关关系（$\beta = 0.471$，$P < 0.01$）；新兴国际化企业的市场学习能力与其国际市场适应性间的关系，呈显著正相关关系（$\beta = 0.444$，$P < 0.01$）；新兴国际化企业所处的市场动荡性与其知识整合能力，呈显著负相关关系（$\beta = -0.148$，$P < 0.05$）；市场动荡性与新兴国际化企业的国际市场适应性，呈显著负相关关系（$\beta = -0.348$，$P < 0.01$）；而市场动荡性却与新兴国际化企业的国际化知识资源，呈显著正相关关系（$\beta = 0.354$，$P < 0.01$），且与市场学习能力呈显著正相关关系

(β =0. 277，P <0. 01)。通过相关性分析，可以初步验证了假设1、2。

表6. 14 变量的 Pearson 相关性分析

变量	1	2	3	4	5
国际化知识	1				
知识整合能力	0. 439 * *	1			
市场学习能力	0. 423 * *	0. 249 * *	1		
国际市场适应性	0. 471 * *	0. 257 * *	0. 444 * *	1	
市场动荡性	0. 354 * *	-0. 148 *	0. 277 *	-0. 348 * *	1

注：* *表示P <0. 01，*表示P <0. 05（双尾）；N =173。

（二）结构方程模型分析

本书首先用结构方程模型，分析新兴国际化企业的国际化知识（包括分维度）和市场学习能力对其国际市场适应性的影响，得到其模型拟合指标，见表6. 15；同时，本书还得到结构方程模型，得出变量间的路径系数，见图6. 1 和6. 2。由图6. 1 可知变量间的路径系数，新兴国际化企业的国际化知识，对其市场学习起显著的正向影响作用（β =0. 416，P <0. 001)，假设1 得到了支持性验证；新兴国际化企业的市场学习能力，对其国际适应性起显著的正向影响作用（β =0. 438，P <0. 001)，假设2 得到了支持性验证。由图6. 2 可知国际化知识分成多个维度时，新兴国际化企业的市场进入类国际化知识，对其市场学习起显著的正向影响作用(β =0. 527，P <0. 001)，假设1a 得到了支持性验证；新兴国际化企业的本土化类国际化知识，对其市场学习起显著的正向影响作用（β =0. 403，P <0. 001)，假设1b 得到了支持性验证；新兴国际化企业的国际企业类国际化知识，对其市场学习起显著的正向影响作用（β =0. 191，P <0. 05)，假设1c 得到了支持性验证。同时，本书也可以看到新兴国际化企业不同类型的国际化知识，对其在国际市场中的学习能力影响差异较大。此外，在分维度结构方程模型中，新兴国际化企业的市场学习能力，对其营销适应性起显著的正向影响作用（β =0. 281，P <0. 001)，假设2a 得到了支持性验证；新兴国际化企业的市场学习能力，对其市场反应性起显著的正向影

响作用（β =0.433，P <0.001），假设 2b 得到了支持性验证；新兴国际化企业的市场学习能力，对其国际市场绩效起显著的正向影响作用（β =0.475，P <0.001），假设 2c 得到了支持性验证。

表 6.15　结构方程模型的拟合指标一览表

拟合指数	χ^2	df	χ^2/ df	RMSEA	CFI	NFI	AGFI	GFI
不分维度模型	127.34	64	1.99	0.061	0.94	0.94	0.82	0.92
分维度模型	301.19	132	2.28	0.069	0.92	0.92	0.81	0.91

资料来源：本书整理，N = 173。

图 6.1　不分维度时的结构方程模型图（N =173）

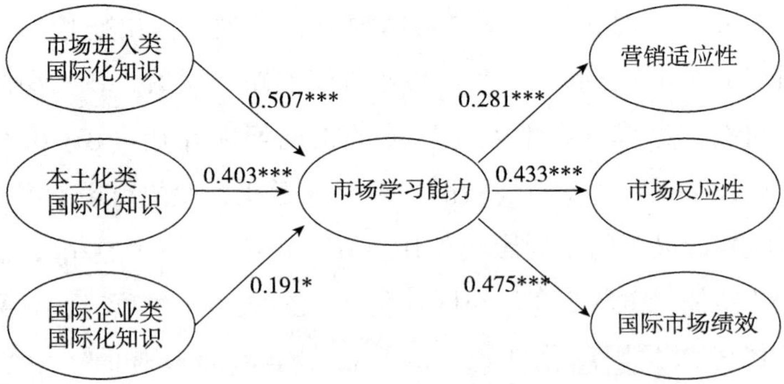

图 6.2　分维度时的结构方程模型图（N =173）

（三）市场学习能力的中介作用分析

本书采用 Baron 和 Kenny（1986）的三步骤检验方法，检验市场学习能力在国际化知识对国际市场适应性（包括各个维度）的影响过程中是否起中介作用。

1. 市场学习能力在国际化知识与其市场适应性的中介作用分析

为检验市场学习能力在新兴国际化企业的国际化知识对其市场适应性

的影响过程中是否起到中介作用，本书采用 Baron 和 Kenny（1986）的三步骤检验方法发现，新兴国际化企业的市场学习能力在国际化知识影响其市场适应性间，起部分中介作用，见图 6.3。在第三步中，国际化知识对市场适应性的影响显著（β =0.111，P <0.05）。

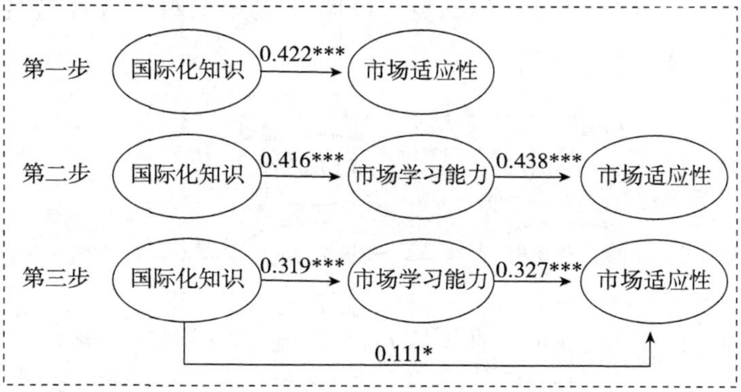

图 6.3　市场学习能力在国际化知识与其市场适应性的中介作用分析（N =173）

2. 市场学习能力在国际化知识与其营销适应性的中介作用分析

同理，为检验市场学习能力在新兴国际化企业的国际化知识对其营销适应性的影响过程中是否起中介作用。本书通过三个步骤的分析发现，新兴国际化企业的市场学习能力在国际化知识影响其营销适应性间，起到完全中介作用，见图 6.4。在第三步中，国际化知识对营销适应性的影响不显著（β =0.013，P >0.1）。

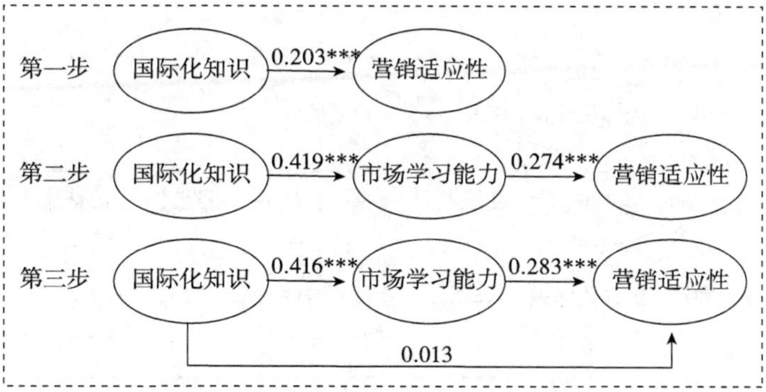

图 6.4　市场学习能力在国际化知识与其营销适应性的中介作用分析（N =173）

3. 市场学习能力在国际化知识与其市场反应性的中介作用分析

同理，为检验市场学习能力在新兴国际化企业的国际化知识对其市场反应性的影响过程中是否起中介作用。本书通过三个步骤的分析发现，新兴国际化企业的市场学习能力在国际化知识影响其市场反应性间，起到部分中介作用，见图 6.5。在第三步中，国际化知识对市场反应性的影响显著（β =0.120，P <0.05）。

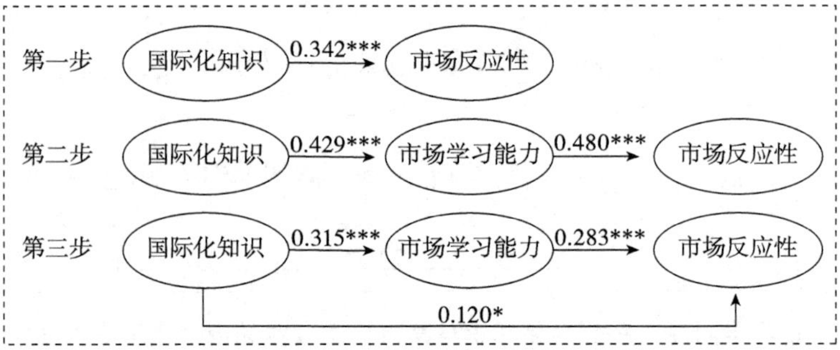

图 6.5　市场学习能力在国际化知识与其市场反应性的中介作用分析（N =173）

4. 市场学习能力在国际化知识与其市场绩效的中介作用分析

同理，为检验市场学习能力在新兴国际化企业的国际化知识对其市场绩效的影响过程中是否起中介作用。本书通过三个步骤的分析发现，新兴国际化企业的市场学习能力在国际化知识影响其市场绩效间，起部分中介作用，见图 6.6。在第三步中，国际化知识对市场反应性的影响显著（β = 0.125，P <0.05）。

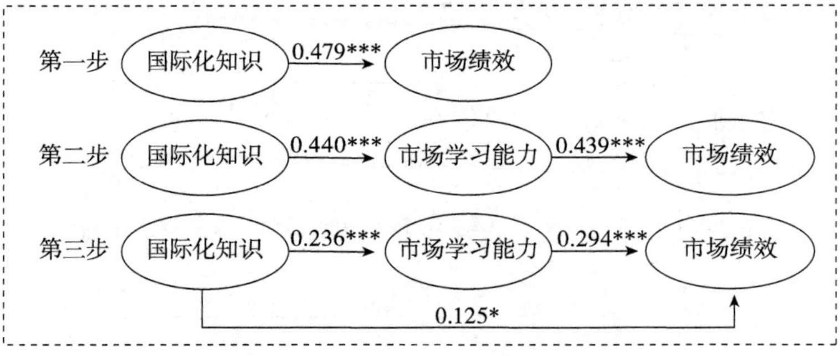

图 6.6　市场学习能力在国际化知识与其市场绩效的中介作用分析（N =173）

（四）知识整合能力的调节作用分析

表 6.16 知识整合能力在国际化知识与市场学习能力间的调节作用分析

变量	因变量		
	市场学习能力		
	模型 1	模型 2	模型 3
控制变量			
企业性质	-0.021	-0.030	0.032
企业规模	0.009	0.003	-0.011
行业类型	0.138 *	0.076	0.073
国际化年限	- 0.037	-0.012	- 0.029
预测项			
国际化知识		0.461 * * *	0.457 * * *
知识整合能力		0.298 * * *	0.302 * * *
交互项			
国际化知识 * 整合能力			0.043
R^2	0.137	0.416	0.391
调整 R^2	0.115	0.398	0.384
F	1.565	15.412 * * *	13.317 * * *

注：* * * 表示 $P<0.001$，* * 表示 $P<0.01$，* 表示 $P<0.05$；N = 173；采用强制进入法进入。

为了减小回归方程中的多重共线性问题，我们首先把自变量和调节变量进行整理，并对这些变量进行中心化，即用这个变量中测量的每个数据点减去均值，得到数据样本均值为 0（Aiken & West，1991：11；陈晓萍等，2008：320），并构造乘积项。其次，我们把自变量、因变量（为中心化的自变量和因变量）和乘积项放到多元层级回归方程中检验变量间的交互作用。

表 6.16 是知识整合能力在国际化知识与其市场学习能力之间调节作用的回归模型。在检测过程中模型的前两步得到验证后，本书在将国际化知识、知识整合能力纳入模型 3 中，还将二者的交互项纳入模型 3 进行回归

分析，结果发现国际化知识与知识整合能力的乘积交互项对市场学习能力的影响作用，正向但不显著（β =0.043，P >0.1），这说明新兴国际化企业的知识整合能力，在国际化知识与其市场学习能力之间的调节作用正向，但不显著。因此，知识整合能力的调节作用假设不成立，假设3 不能得到支持性验证。

（五）市场动荡性的调节作用分析

1. 市场动荡性在市场学习能力与市场适应性间的调节作用分析

表6.17　市场动荡性在市场学习能力与市场适应性间的调节作用分析

变量	因变量		
	市场适应性		
	模型1	模型2	模型3
控制变量			
企业性质	-0.094	-0.135*	-0.094
企业规模	0.008	0.006	0.002
行业类型	0.107	0.060	0.104
国际化年限	0.049	0.076	0.011
预测项			
市场学习能力		0.220**	0.229**
市场动荡性		-0.389***	-0.362***
交互项			
市场学习 * 市场动荡性			-0.071
R^2	0.056	0.115	0.163
调整 R^2	0.041	0.102	0.166
F	1.623	4.712*	9.219***

注：***表示P<0.001，**表示P<0.01，*表示P<0.05；N=173；采用强制进入法进入。

同理，我们按照Aiken 和West（1991）、陈晓萍等（2008）提出的方法，把自变量、因变量（为中心化的自变量和因变量）和乘积交互项放到多元层级回归方程中检验变量间的交互作用。

表6.17是市场动荡性在市场学习能力与其市场适应性之间调节作用的回归模型。在检测过程中模型的前两步得到验证后，本书在将市场学习能力、市场动荡性纳入模型3中，还将二者的交互项纳入模型3进行回归分析，结果发现市场动荡性与市场学习能力的乘积交互项对市场适应性的影响作用，负向但不显著（$\beta = -0.071$，$P > 0.1$），这说明新兴国际化企业所处的市场环境动荡性，在市场学习能力与其市场适应性之间的调节作用负向，但不显著。因此，市场动荡性的调节作用假设不成立，假设4不能得到支持性验证。

2. 市场动荡性在市场学习能力与营销适应性间的调节作用分析

表6.18　市场动荡性在市场学习能力与营销适应性间的调节作用分析

变量	因变量		
	营销适应性		
	模型1	模型2	模型3
控制变量			
企业性质	-0.090	-0.004	-0.061
企业规模	0.012	0.008	0.006
行业类型	0.036	0.097	0.046
国际化年限	0.021	-0.050	0.034
预测项			
市场学习能力		0.265***	0.253***
市场动荡性		-0.232**	-0.161*
交互项			
市场学习＊市场动荡性			0.097
R^2	0.023	0.138	0.150
调整 R^2	0.045	0.132	0.146
F	1.772	4.263*	6.039***

注：***表示 $P<0.001$，**表示 $P<0.01$，*表示 $P<0.05$；$N=173$；采用强制进入法进入。

表6.18是市场动荡性在市场学习能力与其营销适应性之间调节作用的回归模型。在检测过程中模型的前两步得到验证后，本研究在将市场学习

能力、市场动荡性纳入模型 3 中，还将二者的交互项纳入模型 3 进行回归分析，结果发现市场动荡性与市场学习能力的乘积交互项对营销适应性的影响作用，负向但不显著（β = -0.097，P > 0.1），这说明新兴国际化企业所处的市场环境动荡性，在市场学习能力与其营销适应性之间的调节作用负向，但不显著。因此，市场动荡性的调节作用假设不成立，假设 4a 不能得到支持性验证。

3. 市场动荡性在市场学习能力与市场反应性间的调节作用分析

表 6.19　市场动荡性在市场学习能力与营销适应性间的调节作用分析

变量	因变量		
	市场反应性		
	模型 1	模型 2	模型 3
控制变量			
企业性质	-0.063	-0.046	-0.087
企业规模	0.008	0.005	0.002
行业类型	0.075	0.018	0.059
国际化年限	0.019	0.007	0.002
预测项			
市场学习能力		0.429***	0.412***
市场动荡性		-0.321***	0.229**
交互项			
市场学习 * 市场动荡性			-0.048
R^2	0.048	0.140	0.172
调整 R^2	0.045	0.137	0.167
F	1.826	5.009*	10.642***

注：***表示 P < 0.001，**表示 P < 0.01，*表示 P < 0.05；N = 173；采用强制进入法进入。

表 6.19 是市场动荡性在市场学习能力与其市场反应性之间调节作用的回归模型。在检测过程中模型的前两步得到验证后，本书在将市场学习能力、市场动荡性纳入模型 3 中，还将二者的交互项纳入模型 3 进行回归分析，结果发现市场动荡性与市场学习能力的乘积交互项对市场反应性的影

响作用，负向但不显著（β = -0.048，P > 0.1），这说明新兴国际化企业所处的市场环境动荡性，在市场学习能力与其市场反应性之间的调节作用负向，但不显著。因此，市场动荡性的调节作用假设不成立，假设4b 不能得到支持性验证。

4. 市场动荡性在市场学习能力与市场绩效间的调节作用分析

表 6.20　市场动荡性在市场学习能力与营销适应性间的调节作用分析

变量	因变量		
	市场绩效		
	模型 1	模型 2	模型 3
控制变量			
企业性质	-0.074	-0.011	-0.018
企业规模	0.039	0.013	0.025
行业类型	0.132 *	0.068	0.044
国际化年限	0.006	0.001	0.004
预测项			
市场学习能力		0.441 * * *	0.404 * * *
市场动荡性		-0.327 * * *	-0.295 * * *
交互项			
市场学习 * 市场动荡性			-0.063
R^2	0.053	0.211	0.187
调整 R^2	0.049	0.204	0.175
F	1.504	12.276 *	8.313 * * *

注：* * * 表示 P < 0.001，* * 表示 P < 0.01，* 表示 P < 0.05；N = 173；采用强制进入法进入。

表 6.20 是市场动荡性在市场学习能力与其市场绩效之间调节作用的回归模型。在检测过程中模型的前两步得到验证后，本书在将市场学习能力、市场动荡性纳入模型 3 中，还将二者的交互项纳入模型 3 进行回归分析，结果发现市场动荡性与市场学习能力的乘积交互项对市场绩效的影响作用，负向但不显著（β = -0.063，P > 0.1），这说明新兴国际化企业所处的市场环境动荡性，在市场学习能力与其市场绩效之间的调节作用负

向，但不显著。因此，市场动荡性的调节作用假设不成立，假设4c不能得到支持性验证。

二、分组样本研究模型分析

本书将在这部分，将总体样本按照新兴国际化企业的国际化阶段进行分类，分为商业化阶段、成长阶段和稳定获利阶段，并分别对处于不同国际化阶段的新兴国际化企业进行分析，分析的重点主要是通过结构方程模型和回归分析方法，得出相应的研究结论。

（一）商业化阶段的新兴国际化企业

1. 结构方程模型分析

本书首先用结构方程模型，分析新兴国际化企业的国际化知识（包括分维度）和市场学习能力对其国际市场适应性的影响，得到其模型拟合指标，见表6.21；同时，本书还得到结构方程模型，得出变量间的路径系数，见图6.7和图6.8。由图6.7可知，新兴国际化企业的国际化知识，对其市场学习起显著的正向影响作用（$\beta=0.305$，$P<0.001$）；新兴国际化企业的市场学习能力，对其国际适应性起显著的正向影响作用（$\beta=0.224$，$P<0.001$）。由图6.8可知，国际化知识分成多个维度时，新兴国际化企业的市场进入类国际化知识，对其市场学习起显著的正向影响作用（$\beta=0.571$，$P<0.001$）；新兴国际化企业的本土化类国际化知识，对其市场学习起显著的正向影响作用（$\beta=0.213$，$P<0.05$）；新兴国际化企业的国际企业类国际化知识，对其市场学习起正向，但不显著的影响作用（$\beta=0.092$，$P>0.05$）。同时，在商业化阶段，新兴国际化企业不同类型的国际化知识，对其在国际市场中的学习能力影响差异较大；市场进入类和本土化类的国际化知识对其市场学习能力有较为显著的正向影响，市场进入类的国际化知识对企业的市场学习能力影响更显著。此外，在分维度结构方程模型中，新兴国际化企业的市场学习能力，对其营销适应性起显著的正向影响作用（β =0.463，P <0.001）；新兴国际化企业的市场学习能力，对其市场反应性起不显著的正向影响作用（β =0.164，P <0.05）；新兴国际化企业的市场学习能力，对其国际市场绩效起正向显著的影响作用（β =0.198，P <0.05）。

表 6.21 结构方程模型的拟合指标一览表

拟合指数	χ^2	df	χ^2/ df	RMSEA	CFI	NFI	AGFI	GFI
不分维度模型	95.31	42	2.27	0.053	0.96	0.96	0.86	0.96
分维度模型	213.54	79	2.70	0.061	0.94	0.94	0.85	0.94

资料来源：本书整理，N =82。

图 6.7 不分维度时的结构方程模型图（N =82）

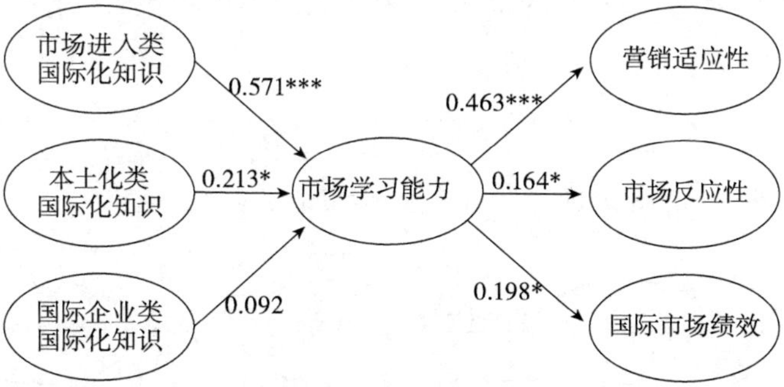

图 6.8 分维度时的结构方程模型图（N =82）

2. 市场学习能力的中介作用分析

（1）市场学习能力在国际化知识与其市场适应性的中介作用分析

为检验市场学习能力在新兴国际化企业的国际化知识对其市场适应性的影响过程中是否起中介作用，本书发现：新兴国际化企业的市场学习能力在国际化知识影响其市场适应性间，起到完全中介作用，见图 6.9。在第三步中，国际化知识对市场适应性的影响不显著（β =0.059，P >0.05）。

（2）市场学习能力在国际化知识与其营销适应性的中介作用分析

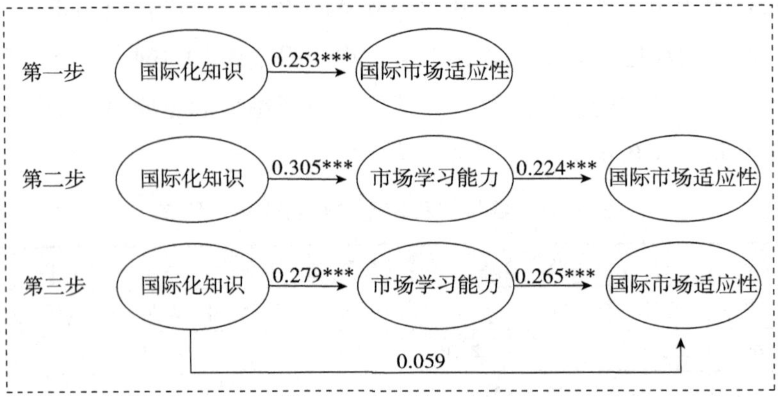

图 6.9　市场学习能力在国际化知识与其市场适应性的中介作用分析（N = 82）

同理，为检验市场学习能力在新兴国际化企业的国际化知识对其营销适应性的影响过程中是否起中介作用。本书发现：新兴国际化企业的市场学习能力在国际化知识影响其营销适应性间，起到部分中介作用，见图 6.10。在第三步中，国际化知识对营销适应性的影响显著（$\beta = 0.128$，$P < 0.05$）。

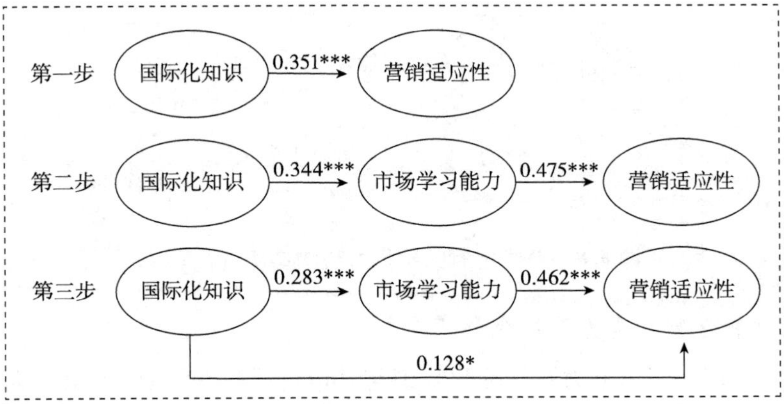

图 6.10　市场学习能力在国际化知识与其营销适应性的中介作用分析（N = 82）

（3）市场学习能力在国际化知识与其市场反应性的中介作用分析

同理，为检验市场学习能力在新兴国际化企业的国际化知识对其市场反应性的影响过程中是否起中介作用。本书发现：新兴国际化企业的市场学习能力在国际化知识影响其市场反应性间，起完全中介作用，见图6.11。在第三步中，国际化知识对市场反应性的影响不显著（$\beta = 0.086$，$P > 0.05$）。

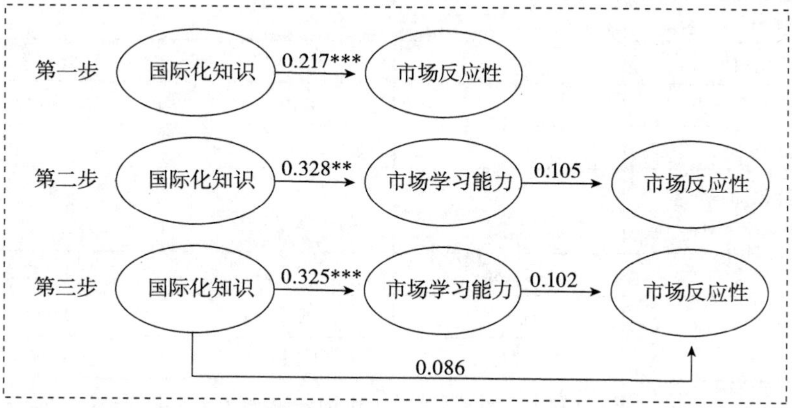

图 6.11　市场学习能力在国际化知识与其市场反应性的中介作用分析（N = 82）

（4）市场学习能力在国际化知识与其市场绩效的中介作用分析

商业化阶段的新兴国际化企业，由于国际化知识对市场绩效的直接影响不显著，市场学习能力在国际化知识与其市场绩效的中介作用分析不显著，也就是起不到中介作用，本书在此不再赘述。

3. 知识整合能力的调节作用分析

（1）知识整合能力在国际化知识与市场学习能力间的调节作用分析

表 6.22　知识整合能力在国际化知识与市场学习能力间的调节作用分析

变量	因变量		
	市场学习能力		
	模型 1	模型 2	模型 3
控制变量			
企业性质	0.010	0.007	0.013
企业规模	-0.002	0.005	-0.003
行业类型	0.153*	0.166*	0.149*
国际化年限	0.017	0.026	0.013

续表

变量	因变量		
	市场学习能力		
	模型 1	模型 2	模型 3
预测项			
国际化知识		0.294 * * *	0.289 * * *
知识整合能力		0.197 * *	0.189 * *
交互项			
国际化知识 * 整合能力			0.085
R^2	0.186	0.334	0.327
调整 R^2	0.181	0.319	0.314
F	3.286 *	14.219 * * *	12.483 * * *

注：* * * 表示 P＜0.001，* * 表示 P＜0.01，* 表示 P＜0.05；N = 82；采用强制进入法进入。

表 6.22 是知识整合能力在国际化知识与其市场学习能力之间调节作用的回归模型。在检测过程中模型的前两步得到验证后，本书在将国际化知识、知识整合能力纳入模型 3 中，还将二者的交互项纳入模型 3 进行回归分析，结果发现国际化知识与知识整合能力的乘积交互项对市场学习能力的影响作用，正向但不显著（β = 0.085，P＞0.1），这说明新兴国际化企业的知识整合能力，在国际化知识与其市场学习能力之间的调节作用正向，但不显著。

（2）知识整合能力在国际化知识（2 类）与市场学习能力间的调节作用分析

在商业化阶段，新兴国际化企业的国际化知识，主要由市场进入类和本土化类的国际化知识构成，但缺乏国际企业类的国际化知识。由于在本研究中，将国际企业类的国际化知识加入到变量中，故本书首先将国际企业类的国际化知识移除，再将进行调节作用分析。

表 6.23 知识整合能力在国际化知识（2 类）与市场学习能力间的调节作用分析

变量	因变量		
	市场学习能力		
	模型 1	模型 2	模型 3
控制变量			
企业性质	0.025	0.017	0.033
企业规模	-0.012	-0.010	-0.009
行业类型	0.132 *	0.099	0.092
国际化年限	0.016	0.007	0.005
预测项			
国际化知识（2 类）		0.341 * * *	0.304 * * *
知识整合能力		0.232 * * *	0.255 * * *
交互项			
国际化知识 * 整合能力			0.016
R^2	0.143	0.262	0.284
调整 R^2	0.137	0.254	0.273
F	3.341 *	9.336 * * *	11.374 * * *

注：* * * 表示 P<0.001，* * 表示 P<0.01，* 表示 P<0.05；N=82；采用强制进入法进入。

表 6.23 是知识整合能力在国际化知识（2 类）与其市场学习能力之间调节作用的回归模型。在检测过程中模型的前两步得到验证后，本书在将国际化知识、知识整合能力纳入模型 3 中，还将二者的交互项纳入模型 3 进行回归分析，结果发现国际化知识与知识整合能力的乘积交互项对市场学习能力的影响作用，正向但不显著（$\beta=0.016$，$P>0.1$），这说明新兴国际化企业的知识整合能力，在国际化知识与其市场学习能力之间的调节作用正向，但不显著。

（3）知识整合能力在国际化知识（1 类）与市场学习能力间的调节作用分析

在商业化阶段，新兴国际化企业的国际化知识，由市场进入类的国际化知识为主，而本土化类的国际化知识为辅，又缺乏国际企业类的国际化知识。因此在本书中，我们将本土化类和国际企业类的国际化知识一并移除，再将进行调节作用分析。

表 6.24 知识整合能力在国际化知识（1 类）与市场学习能力间的调节作用分析

变量	因变量		
	市场学习能力		
	模型 1	模型 2	模型 3
控制变量			
企业性质	0.018	0.023	0.015
企业规模	-0.007	-0.002	-0.003
行业类型	0.075	0.088	0.059
国际化年限	0.004	0.003	0.011
预测项			
国际化知识（1 类）		0.450***	0.498***
知识整合能力		0.394***	0.363***
交互项			
国际化知识 * 整合能力			0.042
R^2	0.063	0.259	0.252
调整 R^2	0.046	0.256	0.245
F	1.645	12.546***	11.476***

注：***表示 $P<0.001$，**表示 $P<0.01$，*表示 $P<0.05$；$N=82$；采用强制进入法进入。

表 6.24 是知识整合能力在国际化知识（1 类）与其市场学习能力之间调节作用的回归模型。在检测过程中模型的前两步得到验证后，本书在将国际化知识、知识整合能力纳入模型 3 中，还将二者的交互项纳入模型 3 进行回归分析，结果发现国际化知识与知识整合能力的乘积交互项对市场学习能力的影响作用，正向但不显著（$\beta=0.042$，$P>0.1$），这说明新兴国际化企业的知识整合能力，在国际化知识与其市场学习能力之间的调节作用正向，但不显著。

（4）知识整合能力（1类）在国际化知识（1类）与市场学习能力间的调节作用分析

从第三章可知，在商业化阶段，新兴国际化企业的知识整合能力主要表现在学习吸收，而整合利用和知识转移方面的能力相对较弱。因此，我们调整调节变量，即仅仅考虑处于商业化阶段的新兴国际化企业，知识整合能力的学习吸收方面，进而进行调节作用分析。

表6.25　知识整合能力（1类）在国际化知识（1类）与市场学习能力间的调节作用分析

变量	因变量		
	市场学习能力		
	模型1	模型2	模型3
控制变量			
企业性质	0.008	0.011	-0.005
企业规模	0.046	0.029	0.061
行业类型	0.121*	0.175*	0.136*
国际化年限	0.074	0.059	0.066
预测项			
国际化知识（1类）		0.592***	0.496***
知识整合能力（1类）		0.404***	0.411***
交互项			
国际化知识*整合能力			0.171*
R^2	0.096	0.284	0.297
调整R^2	0.080	0.268	0.289
F	3.299*	14.564***	17.783***

注：***表示$P<0.001$，**表示$P<0.01$，*表示$P<0.05$；$N=82$；采用强制进入法进入。

表6.25是知识整合能力（1类）在国际化知识（1类）与其市场学习能力之间调节作用的回归模型。在检测过程中模型的前两步得到验证后，本书在将国际化知识、知识整合能力纳入模型3中，还将二者的交互项纳入模型3进行回归分析，结果发现国际化知识与知识整合能力的乘积交互

项对市场学习能力的影响作用，正向且显著（β=0.171，P<0.05），这说明新兴国际化企业的知识整合能力，在国际化知识与其市场学习能力之间起正向显著的调节作用。

4. 市场动荡性的调节作用分析

表6.26是市场动荡性在市场学习能力与其市场适应性之间调节作用的回归模型。在检测过程中模型的前两步得到验证后，本书在将市场学习能力、市场动荡性纳入模型3中，还将二者的交互项纳入模型3进行回归分析，结果发现市场动荡性与市场学习能力的乘积交互项对市场适应性的影响作用，负向但不显著（β=-0.153，P<0.05），这说明新兴国际化企业所处的市场环境动荡性，在市场学习能力与其市场适应性之间的调节作用负向，但不显著。

表6.26 市场动荡性在市场学习能力与市场适应性间的调节作用分析

变量	因变量		
	市场适应性		
	模型1	模型2	模型3
控制变量			
企业性质	-0.067	-0.052	-0.059
企业规模	0.036	0.051	0.045
行业类型	0.145*	0.148*	0.098
国际化年限	0.002	0.000	0.003
预测项			
市场学习能力		0.497***	0.504***
市场动荡性		-0.311***	-0.295***
交互项			
市场学习*市场动荡性			-0.153*
R^2	0.051	0.274	0.296
调整 R^2	0.039	0.252	0.281
F	1.431	10.397*	13.356***

注：***表示P<0.001，**表示P<0.01，*表示P<0.05；N=82；采用强制进入法进入。

（二）成长阶段的新兴国际化企业

1. 结构方程模型分析

本书首先用结构方程模型，分析处于成长阶段的新兴国际化企业的国际化知识（包括分维度）和市场学习能力对其国际市场适应性的影响，得到其模型拟合指标，见表6.27；同时，本书还得到结构方程模型，得出变量间的路径系数，见图6.12和图6.13。由图6.12可知，变量间的路径系数，新兴国际化企业的国际化知识，对其市场学习起显著的正向影响作用（$\beta=0.355$，$P<0.001$）；新兴国际化企业的市场学习能力，对其国际适应性起显著的正向影响作用（$\beta=0.296$，$P<0.001$）。由图6.13可知，国际化知识分成多个维度时，新兴国际化企业的市场进入类国际化知识，对其市场学习起显著的正向影响作用（$\beta=0.392$，$P<0.001$）；新兴国际化企业的本土化类国际化知识，对其市场学习起正向显著的影响作用（$\beta=0.435$，$P<0.001$）；新兴国际化企业的国际企业类国际化知识，对其市场学习起正向，但不显著的影响作用（$\beta=0.107$，$P>0.05$）。同时，这里也可以看到，在成长阶段，新兴国际化企业不同类型的国际化知识，对其在国际市场中的学习能力影响差异较大；市场进入类和本土化类的国际化知识对其市场学习能力有较为显著的正向影响，本土化类的国际化知识对企业的市场学习能力影响更为显著；而在成长阶段，新兴国际化企业尚缺乏国际企业类的国际化知识，因而，此时新兴国际化企业的国际企业类的国际化知识，对其组织学习影响尚不显著。此外，在分维度结构方程模型中，新兴国际化企业的市场学习能力，对其营销适应性起显著的正向影响作用（$\beta=0.400$，$P<0.001$）；新兴国际化企业的市场学习能力，对其市场反应性起显著的正向影响作用（$\beta=0.322$，$P<0.001$）；新兴国际化企业的市场学习能力，对其国际市场绩效起不显著的正向影响作用（$\beta=0.216$，$P<0.05$）。

表 6.27 结构方程模型的拟合指标一览表

拟合指数	χ^2	df	χ^2/ df	RMSEA	CFI	NFI	AGFI	GFI
不分维度模型	35.83	19	1.89	0.046	0.96	0.96	0.86	0.96
分维度模型	128.57	41	3.14	0.080	0.90	0.90	0.79	0.90

资料来源：本书整理，N＝59。

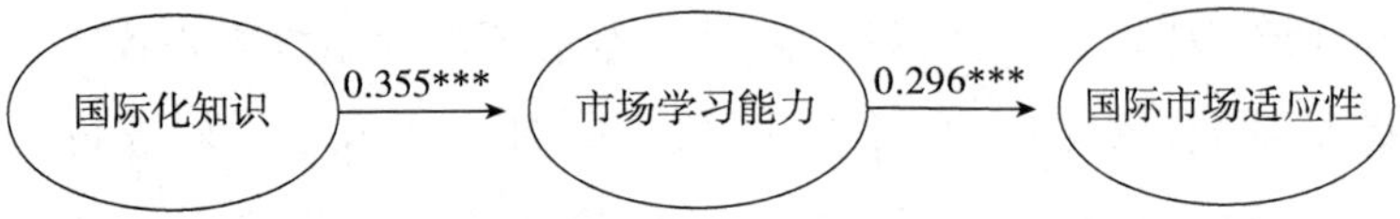

图 6.12 不分维度时的结构方程模型图（N＝59）

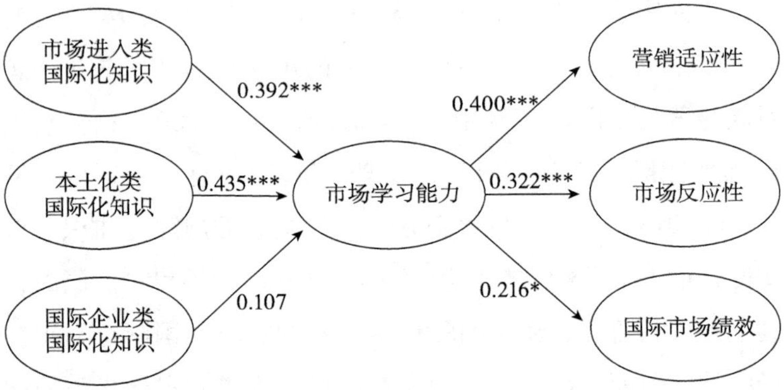

图 6.13 分维度时的结构方程模型图（N＝59）

2. 市场学习能力的中介作用分析

（1）市场学习能力在国际化知识与其市场适应性的中介作用分析

为检验市场学习能力在新兴国际化企业的国际化知识对其市场适应性的影响过程中是否起中介作用，本书发现：新兴国际化企业的市场学习能力在国际化知识影响其市场适应性间，起部分中介作用，见图 6.14。在第三步中，国际化知识对市场适应性的影响显著（$\beta = 0.168$，$P < 0.05$）。

（2）市场学习能力在国际化知识与其营销适应性的中介作用分析

同理，为检验市场学习能力在新兴国际化企业的国际化知识对其营销适应性的影响过程中是否起中介作用。本书发现：新兴国际化企业的市场学习能力在国际化知识影响其营销适应性间，起部分中介作用，见图

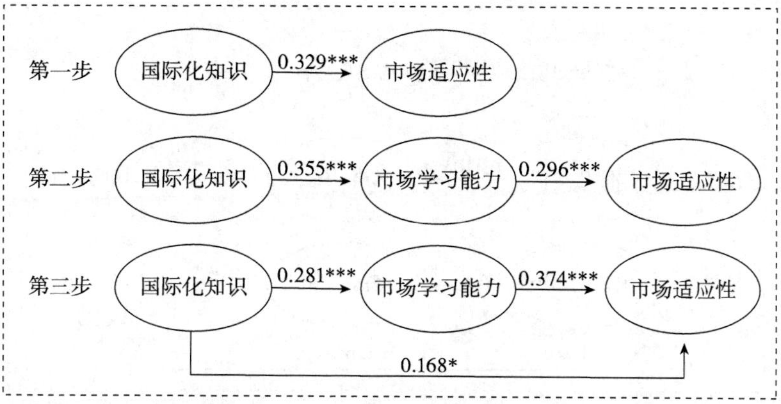

图 6.14　市场学习能力在国际化知识与其营销适应性的中介作用分析（N = 59）

6.15。在第三步中，国际化知识对营销适应性的影响显著（β = 0.161，P < 0.05）。

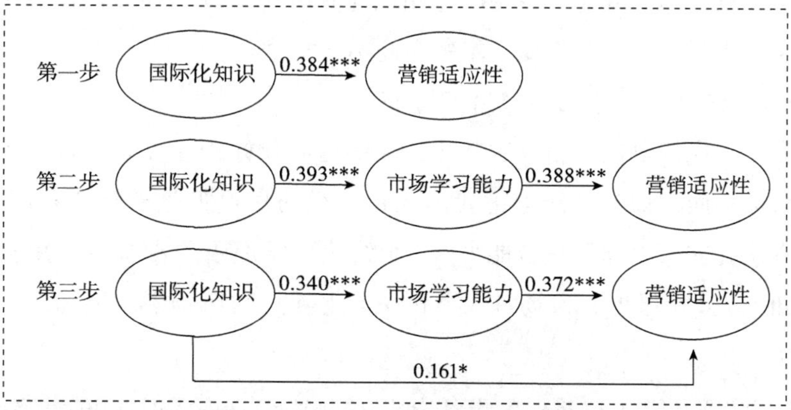

图 6.15　市场学习能力在国际化知识与其营销适应性的中介作用分析（N = 59）

（3）市场学习能力在国际化知识与其市场反应性的中介作用分析

同理，为检验市场学习能力在新兴国际化企业的国际化知识对其市场反应性的影响过程中是否起中介作用。本书发现：新兴国际化企业的市场学习能力在国际化知识影响其市场反应性间，起完全中介作用，见图 6.16。在第三步中，国际化知识对市场反应性的影响不显著（β = 0.074，P > 0.05）。

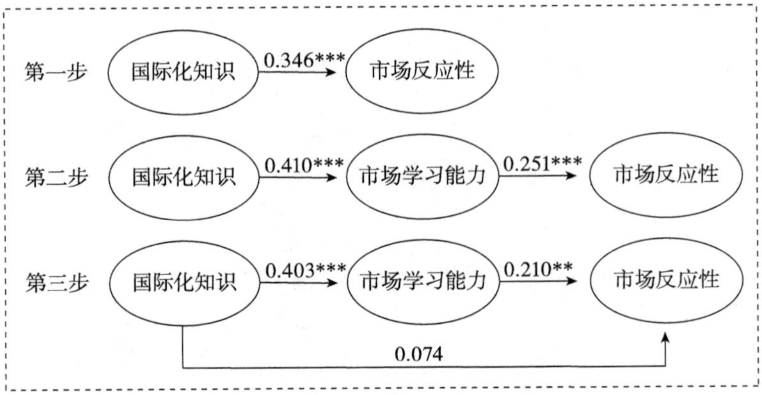

图 6.16　市场学习能力在国际化知识与其市场反应性的中介作用分析（N = 59）

（4）市场学习能力在国际化知识与其市场绩效的中介作用分析

成长阶段的新兴国际化企业，由于国际化知识对市场绩效的直接影响不显著，故市场学习能力在国际化知识与其市场绩效的中介作用分析不显著，也就是起不到中介作用。本书在此不再赘述。

3. 知识整合能力的调节作用分析

由于在成长阶段，新兴国际化市场的国际化知识主要是市场进入类和本土化类，而知识整合能力主要体现在知识的学习吸收和整合利用方面，因此本研究在探讨知识整合能力（2 个维度，学习吸收和整合利用）在国际化知识（2 个维度，市场进入类和本土化类）与市场学习能力之间的调节作用。

表 6.28　知识整合能力（2 维）在国际化知识（2 维）与市场学习能力间的调节作用分析

变量	因变量		
	市场学习能力		
	模型 1	模型 2	模型 3
控制变量			
企业性质	0.046	0.031	0.033
企业规模	−0.007	−0.001	−0.014
行业类型	0.117	0.104	0.109
国际化年限	0.008	0.012	0.030

续表

变量	因变量		
	市场学习能力		
	模型 1	模型 2	模型 3
预测项			
国际化知识（2 维）		0. 381 * * *	0. 374 * * *
知识整合能力（2 维）		0. 236 * *	0. 211 * *
交互项			
国际化知识 * 整合能力			0. 168 *
R^2	0. 075	0. 269	0. 281
调整 R^2	0. 052	0. 247	0. 272
F	1. 568	12. 582 * * *	15. 408 * * *

注：* * * 表示 $P<0.001$，* * 表示 $P<0.01$，* 表示 $P<0.05$；$N=59$；采用强制进入法进入。

表 6. 28 是知识整合能力在国际化知识与其市场学习能力之间调节作用的回归模型。在检测过程中模型的前两步得到验证后，本书在将国际化知识、知识整合能力纳入模型 3 中，还将二者的交互项纳入模型 3 进行回归分析，结果发现国际化知识与知识整合能力的乘积交互项对市场学习能力的影响作用，正向且显著（$\beta=0.168$，$P<0.05$），这说明新兴国际化企业的知识整合能力，在国际化知识与其市场学习能力之间的调节作用正向显著。

然而，在成长阶段，新兴国际化企业的国际化知识还不够全面，因此当国际化知识包含市场进入类、本土化类和国际企业类时，知识整合能力的调节作用正向但不显著；同时，当国际化知识包括本土化类和市场进入类 2 个维度时，知识整合能力包括学习吸收、整合利用和知识转移 3 个维度时，知识整合能力的调节作用依然不显著；而当知识整合能力包含学习吸收和整合利用 2 个维度时，知识整合能力的调节作用就显著了。

4. 市场动荡性在市场学习能力与市场适应性间的调节作用分析

表 6.29 市场动荡性在市场学习能力与市场适应性间的调节作用分析

变量	因变量		
	市场适应性		
	模型 1	模型 2	模型 3
控制变量			
企业性质	-0.008	0.045	0.040
企业规模	0.005	0.011	0.012
行业类型	0.066*	0.072	0.093
国际化年限	0.004	0.007	0.005
预测项			
市场学习能力		0.468***	0.410***
市场动荡性		-0.313***	-0.259***
交互项			
市场学习 * 市场动荡性			-0.136*
R^2	0.117	0.246	0.294
调整 R^2	0.112	0.239	0.278
F	2.294*	10.478***	14.627***

注：***表示 $P<0.001$，**表示 $P<0.01$，*表示 $P<0.05$；$N=59$；采用强制进入法进入。

表6.29是市场动荡性在市场学习能力与其市场适应性之间调节作用的回归模型。在检测过程中模型的前两步得到验证后，本书在将市场学习能力、市场动荡性纳入模型3中，还将二者的交互项纳入模型3进行回归分析，结果发现市场动荡性与市场学习能力的乘积交互项对市场适应性的影响作用，负向且显著（$\beta=-0.136$，$P<0.05$），这说明新兴国际化企业所处的市场环境动荡性，在市场学习能力与其市场适应性之间的调节作用，负向且显著。

（三）稳定获利阶段的新兴国际化企业

1. 结构方程模型分析

本书首先用结构方程模型，分析处于稳定获利阶段的新兴国际化企业的国际化知识（包括分维度）和市场学习能力对其国际市场适应性的影响，得到其模型拟合指标，见表 6.30；同时，本书还得到结构方程模型，得出变量间的路径系数，见图 6.17 和 6.18。由图 6.17 可知，变量间的路径系数，新兴国际化企业的国际化知识，对其市场学习起显著的正向影响作用（$\beta=0.450$，$P<0.001$）；新兴国际化企业的市场学习能力，对其国际适应性起显著的正向影响作用（$\beta=0.513$，$P<0.001$）。由图 6.18 可知，国际化知识分成多个维度时，新兴国际化企业的市场进入类国际化知识，对其市场学习起显著的正向影响作用（$\beta=0.336$，$P<0.001$）；新兴国际化企业的本土化类国际化知识，对其市场学习起正向显著的影响作用（$\beta=0.458$，$P<0.001$）；新兴国际化企业的国际企业类国际化知识，对其市场学习起正向，但不显著的影响作用（$\beta=0.460$，$P<0.001$）。同时，这里也可以看到，在稳定获利阶段，新兴国际化企业拥有不同类型的国际化知识，既有市场进入类和本土化类的国际化知识，又有国际企业类的国际化知识。此时新兴国际化企业的 3 类国际化知识，均对其市场学习能力起正向且显著的影响。此外，在分维度结构方程模型中，新兴国际化企业的市场学习能力，对其营销适应性起显著的正向影响作用（$\beta=0.431$，$P<0.001$）；新兴国际化企业的市场学习能力，对其市场反应性起显著的正向影响作用（$\beta=0.429$，$P<0.001$）；新兴国际化企业的市场学习能力，对其国际市场绩效起显著的正向影响作用（$\beta=0.460$，$P<0.001$）。

表 6.30　结构方程模型的拟合指标一览表

拟合指数	χ^2	df	χ^2/df	RMSEA	CFI	NFI	AGFI	GFI
不分维度模型	0	0	0	0.000	0	0	0	0
分维度模型	49.92	13	3.84	0.079	0.90	0.90	0.78	0.90

资料来源：本书整理，N = 32。

图 6.17　不分维度时的结构方程模型图（N = 32）

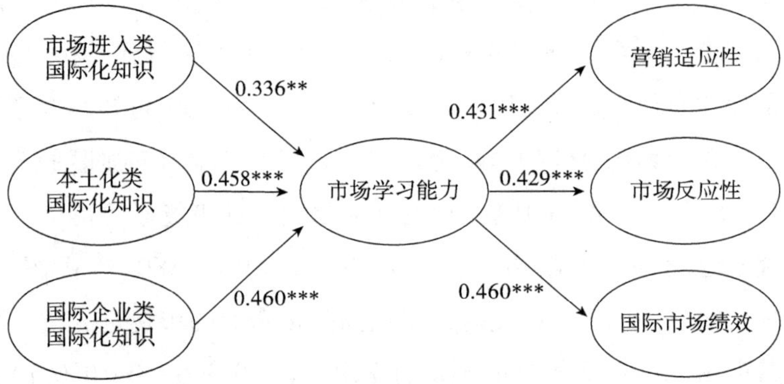

图 6.18　分维度时的结构方程模型图（N = 32）

2. 市场学习能力的中介作用分析

(1) 市场学习能力在国际化知识与其市场适应性的中介作用分析

为检验市场学习能力在新兴国际化企业的国际化知识对其市场适应性的影响过程中是否起中介作用，本书发现：新兴国际化企业的市场学习能力在国际化知识影响其市场适应性间，起部分中介作用，见图 6.19。在第三步中，国际化知识对市场适应性的影响显著（$\beta = 0.222$，$P < 0.01$）。

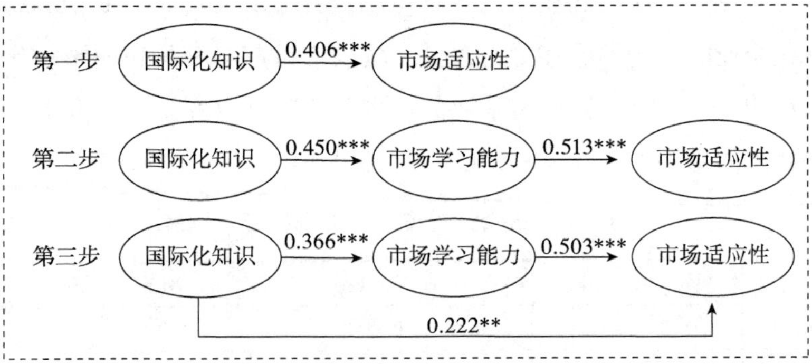

图 6.19　市场学习能力在国际化知识与其营销适应性的中介作用分析（N = 32）

（2）市场学习能力在国际化知识与其营销适应性的中介作用分析

同理，为检验市场学习能力在新兴国际化企业的国际化知识对其营销适应性的影响过程中是否起中介作用。本书发现：新兴国际化企业的市场学习能力在国际化知识影响其营销适应性间，起部分中介作用，见图 6.20。在第三步中，国际化知识对营销适应性的影响显著（$\beta = 0.129$，$P < 0.05$）。

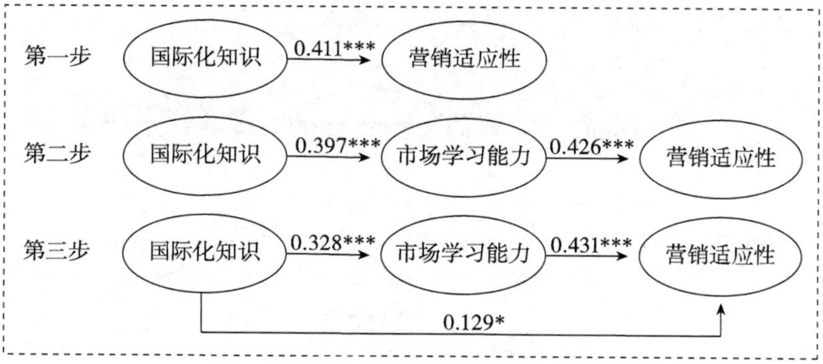

图 6.20　市场学习能力在国际化知识与其营销适应性的中介作用分析（N = 32）

（3）市场学习能力在国际化知识与其市场反应性的中介作用分析

同理，为检验市场学习能力在新兴国际化企业的国际化知识对其市场反应性的影响过程中是否起中介作用。本书发现：新兴国际化企业的市场学习能力在国际化知识影响其市场反应性间，起部分中介作用，见图 6.21。在第三步中，国际化知识对市场反应性的影响显著（$\beta = 0.197$，$P < 0.05$）。

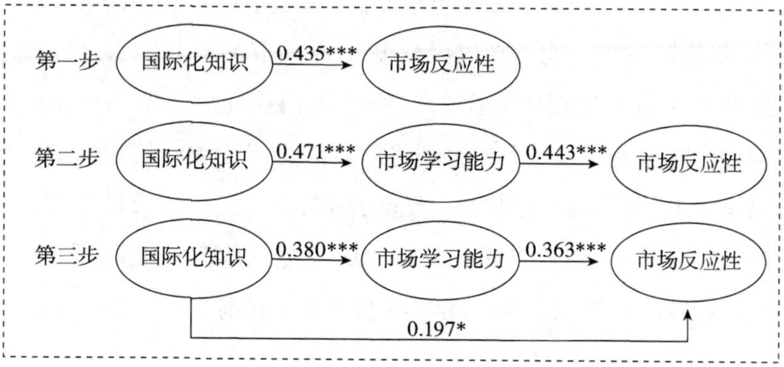

图 6.21　市场学习能力在国际化知识与其市场反应性的中介作用分析（N = 32）

(4) 市场学习能力在国际化知识与其市场绩效的中介作用分析

同理，为检验市场学习能力在新兴国际化企业的国际化知识对其市场绩效的影响过程中是否起中介作用。本书发现：新兴国际化企业的市场学习能力在国际化知识影响其市场绩效间，起部分中介作用，见图 6.22。在第三步中，国际化知识对市场绩效的影响显著（$\beta = 0.422$，$P < 0.001$）。

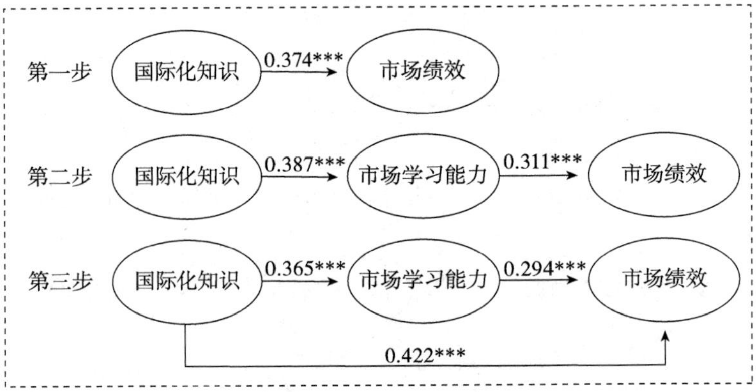

图 6.22 市场学习能力在国际化知识与其市场绩效的中介作用分析（N = 32）

3. 知识整合能力的调节作用分析

由于在稳定获利阶段，新兴国际化市场的国际化知识既有市场进入类和本土化类，又有国际企业类的国际化知识；同时，此时新兴国际化企业的知识整合能力既能体现在知识的学习吸收和整合利用方面，又能体现在知识传递方面。因此，本书将探讨 32 家新兴国际化企业的知识整合能力在国际化知识与市场学习能力之间的调节作用。

表 6.30 是知识整合能力在国际化知识与其市场学习能力之间调节作用的回归模型。在检测过程中模型的前两步得到验证后，本书在将国际化知识、知识整合能力纳入模型 3 中，还将二者的交互项纳入模型 3 进行回归分析，结果发现国际化知识与知识整合能力的乘积交互项对市场学习能力的影响作用，正向且显著（$\beta = 0.115$，$P < 0.05$），这说明新兴国际化企业的知识整合能力，在国际化知识与其市场学习能力之间的调节作用正向显著。

表 6. 31 知识整合能力在国际化知识与市场学习能力间的调节作用分析

变量	因变量		
	市场学习能力		
	模型 1	模型 2	模型 3
控制变量			
企业性质	-0. 008	-0. 030	-0. 071
企业规模	0. 005	0. 001	0. 003
行业类型	0. 075	0. 012	0. 103
国际化年限	0. 009	0. 015	0. 026
预测项			
国际化知识		0. 439 * * *	0. 412 * * *
知识整合能力		0. 323 * * *	0. 268 * *
交互项			
国际化知识 * 整合能力			0. 115 *
R^2	0. 046	0. 154	0. 182
调整 R^2	0. 039	0. 137	0. 172
F	1. 214	8. 281 * * *	10. 368 * * *

注：* * * 表示 P<0. 001，* * 表示 P<0. 01，* 表示 P<0. 05；N=59；采用强制进入法进入。

4. 市场动荡性在市场学习能力与市场适应性间的调节作用分析

表 6. 32 是市场动荡性在市场学习能力与其市场适应性之间调节作用的回归模型。在检测过程中模型的前两步得到验证后，本书在将市场学习能力、市场动荡性纳入模型 3 中，还将二者的交互项纳入模型 3 进行回归分析，结果发现市场动荡性与市场学习能力的乘积交互项对市场适应性的影响作用，负向但不显著（β = -0. 049，P>0. 05），这说明新兴国际化企业所处的市场环境动荡性，在市场学习能力与其市场适应性之间的调节作用，负向且不显著。

表 6.32　市场动荡性在市场学习能力与市场适应性间的调节作用分析

变量	因变量		
	市场适应性		
	模型 1	模型 2	模型 3
控制变量			
企业性质	-0.006	-0.002	-0.001
企业规模	0.012	0.014	0.005
行业类型	0.128*	0.086	0.080
国际化年限	0.007	0.012	0.013
预测项			
市场学习能力		0.528***	0.544***
市场动荡性		-0.299***	-0.281***
交互项			
市场学习 * 市场动荡性			-0.049
R^2	0.088	0.262	0.216
调整 R^2	0.084	0.249	0.209
F	1.752	10.335***	9.410***

注：***表示 $P<0.001$，**表示 $P<0.01$，*表示 $P<0.05$；$N=59$；采用强制进入法进入。

三、研究假设总结

通过本章的数据分析，我们将研究假设的检验结果归纳为下表 6.33：

表 6.33　研究假设结果归纳表

假设	假设内容	结论
假设 1	新兴国际化企业的国际化知识对其市场学习能力具有正向的影响	支持
假设 1a	新兴国际化企业的市场进入类国际化知识，对其市场学习能力具有正向的影响	支持
假设 1b	新兴国际化企业的本土化类国际化知识，对其市场学习能力具有正向的影响	支持

续表

假设	假设内容	结论
假设 1c	新兴国际化企业的国际企业类国际化知识，对其市场学习能力具有正向的影响	支持
假设 2	新兴国际化企业的市场学习能力对其市场适应性具有正向的影响	支持
假设 2a	新兴国际化企业的市场学习能力对其营销适应性具有正向的影响	支持
假设 2b	新兴国际化企业的市场学习能力对其市场反应性具有正向的影响	支持
假设 2c	新兴国际化企业的市场学习能力对其市场绩效具有正向的影响	支持
假设 3	新兴国际化企业的市场学习能力在其国际化知识与其市场适应性间起中介作用	部分支持
假设 4	知识整合能力在新兴国际化企业的国际化知识与其市场学习能力间，起正向的调节作用，即知识整合能力越高，国际化知识对市场学习能力的正向影响的作用越大	部分支持
假设 5	市场动荡性在市场学习能力与市场适应性间起负向的调节作用，即市场动荡性程度越高，市场学习能力对市场适应性的负向影响作用越大	部分支持
假设 5b	市场动荡性在市场学习能力与营销适应性间起负向的调节作用，即市场动荡性程度越高，市场学习能力对营销适应性的负向影响作用越大	部分支持
假设 5b	市场动荡性在市场学习能力与市场反应性间起负向的调节作用，即市场动荡性程度越高，市场学习能力对市场反应性的负向影响作用越大	部分支持
假设 5c	市场动荡性在市场学习能力与市场绩效间起负向的调节作用，即市场动荡性程度越高，市场学习能力对市场绩效的负向影响作用越大	部分支持

资料来源：本书整理。

第七章 研究结论与讨论

通过探索性案例研究、理论推导和实证分析，本章将对本文的主要研究结论进行总结汇总，并对研究结论展开探讨，阐述其理论贡献和管理启示，进而对本书的局限性和未来研究方向展开论述。本书采用了多种研究方法，探讨新兴国际化企业如何通过获取国际化知识，促进企业的学习与发展，进而促进自身国际化进程的不断迈进与企业绩效的提升。通过文献综述，本书发现在国际营销和国际化进程研究中，有关新兴国际化企业的国际化知识、知识整合、学习能力、市场适应性方面的研究相对匮乏。通过探索性的案例研究，本书发现，新兴国际化企业通过多种方式获取国际化知识，促进企业自身能力的提升，进而促进企业在不同国际化阶段中的发展，以便适应国际市场环境。通过理论推导，本书提出了实证研究的框架，并通过数据收集与分析，发现新兴国际化在不同国际化阶段，其国际化知识对其市场适应性的影响机制。本章将总结本文的研究结论，并深入讨论研究结论，提炼本研究的理论贡献和管理启示，进而指出现有研究存在的局限性，进而提出未来研究的方向。

第一节　结论讨论与启示

本书的目的是探讨新兴国际化企业如何通过国际化知识，实现能力和市场适应性的提升。首先，通过探索性案例研究，本书对新兴国际化企业如何获取国际化知识进行探讨，明确了新兴国际化企业为何需要、从何处获得、如何获取和何时需要国际化知识；其次，通过理论推导，本研究推导出新兴国际化企业，如何提升自身的国际市场适应性，以便探讨其中的影响机制；最后，通过实证分析，本书探讨新兴国际化企业如何提升市场适应性的影响机制，还探讨了企业内外部因素在其中的调节作用，并着力分析了不同的国际化阶段，这些因素发生的变化。本节将进一步提炼总结相关研究结论并进行整体分析。

一、结论与讨论

通过文献梳理、探索性案例研究、理论推导和实证分析，本书对新兴国际化企业为何需要、从何处获得、如何获取和何时需要国际化知识进行了归纳与探讨，并着力探讨了新兴国际化企业的国际化知识资源对其市场适应性的影响机制进行了研究。通过案例分析、理论演绎和实证检验等一系列的分析，本书得出以下研究结论。

（一）国际化知识是新兴国际化企业开展国际经营的重要资源

为何需要国际化知识？在不同的国际化阶段，新兴国际化企业需要不同类型的国际化知识，企业所需要的国际化知识，是由其在国际市场中所追寻的发展目标所决定的。新兴国际化企业的市场进入类国际化知识，可以提高其指导如何进入国际市场使用何种商业模式的能力；新兴国际化企业的本土化类国际化知识，可以帮助其整合商业策略与活动，以便在目标市场中获取竞争优；新兴国际化企业的国际企业类国际化知识，可以帮助其开发经营流程，以便使其成为稳定持续发展的国际企业。

从何处获取国际化知识？新兴国际化企业获取市场进入类、本土化类和国际企业类的国际化知识，需要通过外部网络、自身学习吸收，以及整合自身已有的知识经验和现在开发的知识经验等方式获得，企业从不同的来源获取这些国际化知识，以便在不同的国际化阶段使用这些知识，促进企业的国际化发展。其中，新兴国际化企业的国际化知识是其探寻并实施国际化战略的重要资源，国际企业类的国际化知识，是新兴国际化企业提升自身的国际业务的流程、信息系统、组织结构、知识共享等方面国际化能力的重要资源，能够帮助其提高国际竞争力，是新兴国际化企业提升自身能力，获取持续国际化竞争优势的重要资源。

如何获取国际化知识？新兴国际化企业采用多种方式获取国际化知识。首先，一些新兴国际化企业本身是具有一些国际化知识储备的；其次，新兴国际化企业内部往往会有一定的知识整合能力包括自身学习吸收国际化知识，整合已有知识储备和新开发的国际化知识，还有就是能够将自身整合后获得的国际化知识在各个部门、公司间进行转移；最后，新兴国际化企业从外部获取国际化知识，往往会借助组织网络和个人网络，但一些企业也会采用非法手段获取亟需的国际化知识。新兴国际化企业还需要将这些知识进行有效的整合，以便形成有效的合力，帮助企业在国际化进程中获得成长与发展。同时，新兴国际化企业需要有较强的知识整合能力，以便将已有的知识储备与新开发的国际化知识进行整合。新兴国际化企业需要有较强的知识整合能力，以便将知识资源进行有效的整合（Basaglia 等，2010），综合运用多种类型的国际化知识。

何时使用国际化知识？随着国际化进程的变化，新兴国际化企业所需的国际化知识也会随之发生改变。在国际化早期阶段，新兴国际化企业主需要市场进入类的国际化知识；而在国际化的中后期，新兴国际化企业的市场进入类国际化知识，能够帮助企业开发并采用新的市场进入方法。当进入目标市场后，新兴国际化企业需要并且会不断需要本土化类的国际化知识，以应对当地市场的挑战与竞争，进而寻求本土化竞争优势。当新兴国际化企业在多个地区建立本土化经营的竞争优势后，企业就需要国际企业类的国际化知识，以便持续提升并维持国际竞争力，将自己打造为有影响力的国际企业。新兴国际化企业需要何种类型的国际化知识，取决于它们在不同国际化历程中所面临的挑战（Kazanjian，1988）。换句话讲，新兴国际化企业的知识需求，是随着企业的国际化发展变化的。新兴国际化企业发展初期，是需要市场进入类的国际化知识的，以便进入新市场、新区域；新兴国际化企业为了在新市场获得竞争优势，则是需要本土化类的国际化知识，以便在当地目标市场获得业务的成长与发展；新兴国际化企业还希望进一步国际化，将自己打造成为国际企业，它们需要知道如何在国际市场运作，构建并维持国际竞争力，能够有效地进行跨国界经营，这就需要国际企业类的国际化知识。

（二）新兴国际化企业的国际化知识对其市场学习能力具有正向显著的影响

本书发现新兴国际化企业的国际化知识资源，对其市场学习能力起正向显著的影响作用；同时，本书还发现新兴国际化企业不同类型的国际化知识，均对其市场学习能力起正向显著的影响作用。这表明企业的国际化知识资源，而且是不同类型的国际化知识资源，均对其市场学习能力具有显著的提升作用。然而，对处于不同国际化阶段的新兴国际化企业，它们不同类型的国际化知识资源，对其市场学习能力的影响作用却是不同的。在商业化阶段的新兴国际化企业，它们的市场进入类和本土化类的国际化知识对其市场学习能力有显著的提升作用，而它们积累的国际企业类的国际化知识相对不足，因而对其市场学习能力的影响作用不显著。在成长阶段的新兴国际化企业，它们的市场进入类和本土化类的国际化知识对其市场学习能力有显著的提升作用，而此时它们积累的国际企业类的国际化知识相对不足，因而对其市场学习能力的影响作用不显著。在稳定获利阶段的新兴国际化企业，它们的市场进入类、本土化类和国际企业类的国际化知识，对其市场学习能力有显著的提升作用；此时的新兴国际化企业，其国际企业类的国际化知识，开始对其市场学习能力具有显著的提升作用。

对新兴国际化企业而言，国际化知识资源能够帮助企业提高自身的市场学习能力。通过国际化知识资源的了解与掌握，特别是对不同类型国际化知识的掌握，能够帮助新兴国际化企业进入海外新的目标市场，能够帮助新兴国际化企业在海外当地市场获得较快发展与成长，帮助其获得在本土竞争的优势，也能帮助新兴国际化企业在全球市场中，获得稳定获利。只是在不同的国际化阶段，新兴国际化企业对知识资源的需求有所不同，故在不同阶段，新兴国际化企业的不同类型国际化知识对其市场学习能力的影响也有所不同。因此，本书可以发现在新兴国际化企业不同的成长阶段，其积累的国际化知识有所差异，因此这些知识对其市场学习能力的影响程度有所不同。

研究结果表明，新兴国际化企业的知识资源，能够帮助并提升企业提升市场学习能力，帮助企业理解市场，能够帮助企业进入国际市场，制定合适的策略与战略开展本土化经营，也有助于新兴国际化企业将自身打造为国际企业。新兴国际化企业通过多种手段获取所需要的国际化知识，这些知识很多是关于如何进入当地市场的法律法规、市场状况、渠道商、分销商等潜在合伙伙伴等，也有关于如何开发合适的商业模式、海外市场的模式、建立国际供应链组织、搭建营销服务网络方面的知识，也有关于建立新的管理结构、管理信息系统、信息分析系统、国际人力资源管理和采用项目管理方法相关的知识，这些知识能够帮助企业了解海外目标市场，帮助企业更为强烈地学习目标市场，久而久之这些知识就可以提升企业的市场学习能力。

（三）新兴国际化企业的市场学习能力对其市场适应性的影响呈正向显著的影响

本书发现新兴国际化企业的市场学习能力，对其市场适应性的影响呈显著正向的影响。通过实证研究发现，新兴国际化企业的市场学习能力对其市场适应性的影响呈显著正向的影响，而且新兴国际化企业的市场学习能力对市场适应性的营销适应性、市场反应性和市场绩效三个维度，均呈显著正向的影响作用；在不同的国际化阶段，新兴国际化企业的市场学习能力均对其市场适应性起显著正向影响，而且是对市场适应性的不同维度起显著正向影响，并且随着企业市场学习能力的提高，其对市场适应性的影响作用越来越强。

对新兴国际化企业而言，市场学习能力是企业学习、了解海外市场的一种能力，这既能够直接帮助企业制定合适的策略和战略，也能够帮助企业制定合适的营销策略，进而提高企业在海外市场中的营销适应性，也能够帮助企业提高应对海外市场环境的变化，提高企业在海外的市场反应性，也能够帮助企业获取相关的绩效。随着新兴国际化企业的国际化知识资源的不断积累，能够帮助企业提升市场学习能力，进而帮助企业提高市场适应性。新兴国际化企业的知识资源，不单能够提升其市场学习能力，还能随着国际化知识资源的不断积累，也能够不断提高企业的学习能力，这种学习能力能够帮助新兴国际化企业不断提升市场适应性。

研究结果表明，新兴国际化企业的市场学习能力对其市场适应性的影响呈正向显著的影响，能够显著提升其市场适应性。新兴国际化企业的市场学习能力能够帮助企业快速了解国际市场，还能帮助企业开展本土化经营，也能帮助企业提升自己的管理水平，提高自身的管理能力。这些能力都可以帮助新兴国际化在海外市场开展国际化经营，提升企业的营销适应性，以便能够顺利地走进国际海外市场；这些能力都可以帮助新兴国际化企业更好地应对环境的变化，以避免遭遇本土化经营的困境，更好地适应海外本土市场，也能够提高其营销适应性；这些能力都可以帮助国际化企业在更广阔的国际市场中开展经营，能够提升国际企业的国际化经营能力，进而更好地在全球市场中稳定获利。

（四）新兴国际化企业的市场学习能力在国际化知识与其市场适应性间起中介作用

本书发现新兴国际化企业的市场学习能力，在国际化知识与其市场适应性间起中介作用。在对总体样本进行分析时，新兴国际化企业的市场学习能力起部分中介作用。而对处于不同类型的新兴国际化企业进行分析时，本书发现不同阶段的新兴国际化企业，其市场学习能力的中介作用却不同。在商业化阶段，新兴国际化企业的市场学习能力在国际化知识与其市场适应性间起完全中介作用；在成长和稳定获利阶段，新兴国际化企业的市场学习能力在国际化知识与其市场适应性间起部分中介作用。

新兴国际化企业的市场学习能力，在其国际化知识与其市场适应性各维度间的中介作用差异较大，在对总体样本进行分析时，市场学习能力在国际化知识与其营销适应性间呈完全中介作用，而在国际化知识与其市场反应性和市场绩效间呈部分中介作用；在对处于不同国际化阶段的新兴国际化企业进行分析时，在商业化阶段，新兴国际化企业的市场学习能力在国际化知识与其市场适应性间起完全中介作用，而市场学习能力在国际化知识与其营销适应性间起部分中介作用，而在国际化知识与其市场反应性、市场绩效间起不到中介作用。在成长阶段，新兴国际化企业的市场学习能力在国际化知识与其市场适应性间起部分中介作用，市场学习能力在国际化知识与其营销适应性间起部分中介作用，市场学习能力在国际化知识与其市场反应性间起完全中介作用分析，而在国际化知识与其市场绩效间起不到中介作用；在稳定获利阶段，新兴国际化企业的市场学习能力在国际化知识与其市场适应性间起部分中介作用，市场学习能力在国际化知识与其营销适应性、市场反应性和市场绩效间起部分中介作用。

研究结果表明，新兴国际化企业的市场学习能力，能够在其国际化知识和市场适应性间起中介作用，只不过这种作用有的呈现是完全中介，有的则是部分中介。在国际化经营的初期，新兴国际化知识资源不足，这会通过提升市场学习能力，进而提升其市场适应性。这是由于随着新兴国际化企业的国际化知识资源的不断积累，其新兴国际化企业的市场学习能力也会不断提升，知识资源的增加逐渐能够对其市场适应性起显著正向影响作用。同时，新兴国际化企业的市场学习能力也会对其市场适应性起显著的正向影响作用。因此，新兴国际化企业的市场学习能力会从完全中介作用，逐步转变为部分中介作用。

（五）知识整合能力在国际化知识与市场学习能力间的调节作用差异较大

本书发现新兴国际化企业的知识整合能力，在国际化知识与市场学习能力间的调节作用差异较大。在对总体样本进行分析时，新兴国际化企业的知识整合能力，在国际化知识与市场学习能力间的调节作用不显著。在不同的国际化阶段，新兴国际化企业的知识整合能力，在国际化知识与市场学习能力之间的调节作用也有较大差异。在商业化阶段，当知识整合能力仅剩 1 个维度，即学习吸收维度时，它在国际化知识（仅剩市场进入类国际化知识）与市场学习能力间的调节作用分析正向显著；在成长阶段，当知识整合能力仅剩 2 个维度，即学习吸收和整合利用维度时，它在国际化知识（市场进入类和本土化类国际化知识）与市场学习能力间的调节作用分析正向显著；在稳定获利阶段，知识整合能力（3 个维度）在国际化知识（3 个维度）与市场学习能力间的调节作用正向且显著。

上文的研究结果表明，在不同的国际化阶段，新兴国际化企业所需要的国际化知识和知识整合能力不同。在商业化阶段，新兴国际化企业需要的是市场进入类的国际化知识和学习吸收方面的知识整合能力；在成长阶段，新兴国际化企业需要的是市场进入类和本土化类的国际化知识，需要的知识整合能力包括学习吸收和整合利用这两个方面；在稳定获利阶段，新兴国际化企业则需要三类国际化知识，也需要三个维度的知识整合能力。故在探讨企业知识整合能力的调节作用时，新兴国际化企业的知识和知识整合能力的调整变化，会使其调节作用逐渐变得显著。知识整合能力是新兴国际化企业整合已有知识和新开发的知识，这能够帮助企业更好地利用知识资源，进而提高企业的市场学习能力。当新兴国际化企业国际化知识资源积累得越多，企业所需要的知识整合能力要求也就越高，故新兴国际化企业的知识整合能力要包含的维度也就更多。因此，在不同的国际化发展阶段，新兴国际化企业的知识整合能力在国际化知识与市场学习能力间的调节作用差异较大。

（六）市场动荡性在市场学习能力与市场适应性间的调节作用差异较大

本书发现新兴国际化企业的市场动荡性在市场学习能力与市场适应性间的调节作用差异较大。在分析总体样本时，新兴国际化企业所面临的市场动荡性在市场学习能力与市场适应性间的调节作用不显著；市场动荡性在市场学习能力与营销适应性、市场反应性和市场绩效间的调节作用不显著。在分析处于不同阶段的新兴国际化企业时，场动荡性在市场学习能力与市场适应性及其各维度间的调节作用差异也较大。在商业化阶段，市场动荡性在市场学习能力与市场适应性间的调节作用负向且显著；成长阶段，市场动荡性在市场学习能力与市场适应性间的调节作用负向且显著；在稳定获利阶段，市场动荡性在市场学习能力与市场适应性间的调节作用负向，但不显著。

研究结果表明，新兴国际化企业所处的市场环境动荡性在其市场学习能力与市场适应性间的调节作用是负相的，能够影响新兴国际化企业在海外市场中的营销适应性、市场反应性和市场绩效。同时，随着新兴国际化企业市场学习能力的增强，市场动荡性对其市场适应性的调节作用逐步降低，进而变得影响不显著。这是因为对处于不同国际化阶段的新兴国际化企业，随着国际化知识资源的不断积累，能够使企业的市场学习能力不断增强，这会显著增强新兴国际化企业应对海外市场变化的能力，进而使得市场动荡性对其市场适应性（营销适应性、市场反应性和市场绩效）的影响逐步降低，从而使新兴国际化进入海外市场，开展本土化经营，进而能够帮助企业在国际市场中稳定获利。

二、研究贡献

本书的研究贡献主要体现在拓展了国际营销和国际化进程研究中，有关新兴国际化企业国际化知识和成长发展的研究，尤其是有关国际化知识的相关研究。同时，本书还深化了知识整合能力、市场适应性和市场学习能力方面的相关研究。基于上述研究结论及讨论，本书将对相关的研究贡献做进一步的阐述与总结，以便实现对本研究相关结论的提炼与升华。

（一）拓展了国际营销和国际化进程研究

本书通过探讨新兴国际化企业如何在国际市场中如何进入国际市场、如何开展本土化和海外经营，进一步深入拓展了国际营销和国际化进程研究。尽管目前有关国际营销和国际化进程的研究已经较为丰富，但现有研究中有关新兴国际化企业的研究主要是基于案例研究或者实证分析。而本研究采用的是混合研究方法。既使用探索性案例研究，又使用数据调研来做实证分析，进一步深化了新兴国际化企业，如何通过国际化知识资源来提升自身的市场适应性。同时，本书还探讨了处于不同时期的新兴国际化企业，这些企业需要何种类型的国际化知识，进而提升自身的市场学习能力和国际市场适应性。本书通过一系列的分析，探讨了各个类型的新兴国际化企业如何通过国际化知识资源，提升国际市场适应性，这拓展了国际营销和国际化进程研究。

尽管研究者也非常关注新兴国际化企业的生存与发展，但很少有研究通过分析新兴国际化企业获取知识资源来提升其能力和市场适应性。本书是在已有文献的基础上，分析新兴国际化企业为何需要、从何处获得、如何获取和何时需要国际化知识，并分析了不同国际化阶段，新兴国际化企业如何提升市场学习能力，进而提升自身的市场适应性。通过案例研究和问卷调研分析，本书发现处于不同国际化阶段的新兴国际化企业，市场进入类、本土化类和国际企业类的国际化知识能够帮助企业提升市场学习能力，进而能够帮助企业提升营销适应性、市场反应性和市场绩效。本书采用执行研究和量化研究相结合的混合研究方法，从案例和问卷调研的方法，进一步深化分析了国际化进程研究中，特别是有关新兴国际化企业的研究，也进一步克服了现有研究的不足。

（二）丰富了国际企业国际化知识研究

尽管研究知识管理的文献已较为丰富，但是将知识管理与营销理论相结合的研究还较为匮乏（Fang 和 Zou，2009），特别是对新兴国际化企业市场知识管理方面的研究尚在积累过程中，而聚焦于新兴国际化企业的国际化知识对其营销适应性、市场反应性和市场绩效的研究，更属于理论研究空白点。因此，本书将深入研究新兴国际化企业国际化知识独特性，从理论层面探究其构成、类别及何时需要、何处获得、如何获得，这对丰富和完善市场营销理论中，新兴国际化企业的知识管理大有裨益。

本书借鉴以往研究，将国际化知识划分为市场进入类、本土化类和国际企业类三种，并且分别探讨了新兴国际化企业如何获得这些国际化知识，从何处获得，如何使用等多个方面。同时，本书还探讨了这些国际化知识，对新兴国际化企业的市场学习能力和市场适应性的影响。通过对新兴国际化企业的国际化知识分析，本书能够进一步丰富现有国际企业知识资源方面的研究，特别是有关新兴国际化企业的研究。本书不仅弥补了现有研究的不足，还能够推动以后国际化知识研究的深入开展，让后续研究者更为关注国际化知识的分类和国际企业如何获、使用相关的国际化知识。

（三）拓展了知识整合和市场学习能力研究

以往研究中只是分析了企业知识整合能力的基本构成，或者探讨企业信息技术相关的知识整合能力，并没有全面细致分析。本书则是细致探讨了新兴国际化知识整合能力的维度及其测量，并深入分析了企业的市场学习能力对企业适应性的影响。通过探索性案例研究和调研数据分析，本书发现不同国际化阶段，新兴国际化企业对其知识整合能力的需求有所不同。此外，本书也借鉴了以往研究，进一步将知识整合能力和市场学习能力的构成维度及测量，并制定了相应的量表。

借鉴以往研究，本书将知识整合能力作为调节变量。根据新兴国际化企业的经营管理情境，分析其国际化知识对其市场学习能力的影响，填补了现有研究的空白点。本书尝试考虑内部环境及能力，引入企业的市场学习能力作为中介便两，以知识整合能力作为调节变量，深入分析了新兴国际化企业国际化知识对其市场适应性的影响机制，这丰富了新兴国际化企业的研究分析视角。

（四）深化了国际企业市场适应性研究

动荡环境下企业的竞争优势会在短期内受到侵蚀（Teece，1994），最近的研究认为企业“市场适应性”更适合在动荡环境中衡量企业的经营绩效（Kim 和 Pae，2007；Benner 和 Tushman，2003；贺远琼等，2008）。本研究拓展了市场适应性研究，以往研究主要是通过营销探索和营销开发战略来帮助企业获取市场适应性（王睿智，2015），而本书拓展了市场适应性应该包含的维度，特别是本书不仅将原有市场营销包含的市场反应性和市场绩效维度，还将营销适应性维度加入其中，以便使市场适应性变量更为丰富、完善。

本书从营销的视角出发，尝试构建企业市场适应性的提升机制。Day（2011）认为企业市场适应性的获得需要两个关键要素，首先企业需要具有“由外向内”的营销逻辑，以充分获得市场信息，并察觉潜在的发展机遇；其次需要具有“动态性”的营销逻辑，即不断调整资源配置方式，并拓展企业营销战略边界，以快速把握机遇。通过理论构建，本书采用多种视角全面揭示了企业市场适应性的提升机制。

三、管理启示

本书从现实背景和企业实际问题出发，探讨了新兴国际化企业国际化知识对其市场适应性的影响机制研究，并且引入市场学习能力作为中介变量，知识整合能力和市场动荡性作为调节变量，以便丰富其中的机制。本研究能够帮助新兴国际化企业提高国际化绩效，能够帮助新兴国际化企业提高市场反应性、营销适应性和市场绩效。

（一）重视国际化知识资源的获取与吸收整合

国际化知识是企业组织的一种特定知识资源，是企业进行国际化经营的重要资源，对国际化企业具有重要的战略价值。国际化知识要求企业组织在学习过程中，从一个国家到另一个国家进行有效获取与转移。根据相关研究，本书发现研究者主要从学习、知识整合角度探讨国际化知识的形成、获取与利用，新兴国际化企业则是从多种渠道，使用多种方式或手段积极获取国际化知识资源，以便通过这些知识资源提高自身的能力，进而寻求市场适应性。

对新兴国际化企业而言，由于国际化知识的匮乏，经常使企业的国际化经营陷入困境。新兴国际化只有通过多种途径获取国际化知识，能够帮助新兴国际化企业在国际市场中获得发展。新兴市场的国际化企业可以采用多种策略和渠道，获得更多的国际化知识。新兴国际化企业获取国际化知识资源，将促进国际进程的迈进，有助于企业获得更高、更快的成长与发展。新兴国际化企业如何获取国际化知识，还介绍了从何处获得这些国际化知识，对企业进行国际化学习，吸收知识资源具有重要的指导意义。本书还介绍了新兴国际化企业对每种类别的国际化知识资源的使用与积累做了分析，能够帮助新兴国际化企业在不同的国际化阶段使用这些国际化知识，积累未来需要的知识资源，进而推进企业的国际化进程与发展，将自身打造为国际知名的、有影响力的国际企业。

（二）重视将国际化知识资源转化为企业能力

尽管资源基础观早已强调稀缺和难以模仿的核心资源是企业获得竞争优势的关键，但企业还需要将知识资源转化为自身的能力，以便在市场中开展竞争。对新兴国际化企业而言，要想在国际市场中获取竞争优势，不仅需要不断积累知识资源，还需要有能力将这种知识资源转化为企业对市场理解的能力。通过企业将国际化知识资源转化为企业的能力，才能帮助企业在国际市场中开展有效的竞争。因为知识资源不能直接变化为企业的竞争优势，还需要将其转化为企业具体的能力。

通过研究本书可以发现，新兴国际化企业获取市场适应性需要将国际化知识资源转化为市场学习能力。因此对国际化企业而言，尤其是新兴国际化企业，不仅需要不断积累国际化知识，还需要将国际化知识不断丰富完善，不断进行整合利用，以便将其变化为企业对市场的理解能力，即市场学习能力。因此，对国际化企业而言，需要企业将国际化知识资源转化为企业的具体能力，进而帮助企业制定营销战略和策略，提高自己在市场中的反应速度，进而提高企业在国际市场中的绩效。

（三）重视国际企业的知识整合能力

对新兴国际企业等国际企业而言，在不同的国际化阶段，企业需要不同维度的知识整合能力。以新兴国际化企业而言，在不同的国际化阶段，企业不仅仅需要获得一定的国际化知识，还需要拥有较强的知识整合能力。因为在不同的国际化阶段，新兴国际化企业所需要的知识资源是不同的，知识的积累与储备不断发生变化，因此企业需要有较强的知识整合能力，以便学习吸收知识资源，并对知识资源进行整合利用，消化转移。对于新成立的新兴国际化企业而言，企业需要有较强的学习吸收能力，以便吸收多种国际化知识，提高自己对市场的理解能力；对开展本土化经营的新兴国际化企业而言，需要学习吸收更多的、更为深入的本地市场相关的知识资源，以便用于本土化竞争，还需要企业能够整合现有的知识和新开发的知识资源，以便能够将吸收的知识资源转化为企业对市场的学习能力。而当企业开展全球化经营的时候，新兴国际化企业需要多种类型的国际化知识资源，这就需要企业必须注重知识信息的转移，以便将资源在各个地区进行流转，促进企业充分利用知识资源，进而提高企业的市场学习能力，对市场有更加深刻的理解。

第二节　研究局限性及未来研究方向

尽管本书在理论上扩展和弥补了现有研究的不足，并提出了一些创新性的观点，但由于研究问题的新颖性、复杂性和研究条件的有限性，本研究也难免存在一定的局限性。

一、研究局限

尽管本书提出了一些较为新颖的观点与创新，但本书还存在许多局限，需要在今后的研究工作中做进一步的深入探讨和完善。总的来说，本书在研究内容和研究方法具体实施的过程中，还存在以下不足：

第一，虽然本书对新兴国际化企业所需要的国际化知识进行了分类，并制定了相应的测量量表，但还需要更多的检验与分析，以便增强信度和效度。由于开展国际化经营的企业，需要多种类别的国际化知识，而本书只是将其分为三个重要类别，这三个类别和企业的国际化经营历程有关，进而将其划分并命名的。这种划分方法取决于情境条件及研究对象，受限于企业国际化历程的发展阶段与国际化发展需求。本书没有考虑更多类别的国际化企业对国际化知识的需求，只是考虑了新兴国际化企业的需求。

第二，在变量的测量和模型拟合方面。对构念测量的科学性和准确性是实证分析结论有效性的基础，本书的量表开发过程严格遵循规范的研究流程，确保预调研问卷和正式调研问卷的开发、修正和确认过程科学合理，实证检验结果显示测量量表具有良好的信度和效度。但由于本书的测量构念较多，本书的量表设计过程中尽量减少重复测量，由此可能弱化构念测量的全面性。此外，结构维度的验证性因子分析模型拟合度虽然已达拟合标准，但有的指标并不是非常理想，有待深入分析各构成维度之间的关系，进一步补充或修正测量问项，以提高测量的准确性和模型的整体拟合度。

第三，案例研究部分存在一些固有的研究局限。案例研究的优势在于解释过程和机理的问题，但由于案例样本的限制和理论抽样本身的局限，使案例研究的普适性会受到一定的影响。此外，由于案例研究涉及对质化资料的整理、编码和分析，由于时间以及研究者精力和能力的限制，案例研究资料的分析和归纳虽能够有效地反映基本命题，但数据分析质量还不够精细，案例研究部分也未能详细展示质性研究的资料。

二、未来研究方向

结合现有研究的现状与发展进展，本书仍所存在一定的局限，未来研究可以就以下方面进行修缮与改进：

第一，进一步分析其他类别的国际化企业对国际化知识的需求，进而研究分析这些国际化企业如何获取相应的国际化知识，如何将其转化为企业的具体能力，进而提升企业的市场适应性和绩效等。未来研究可以考虑更为全面、客观的影响因素对企业市场适应性的影响，以及企业为何要获取何种类别的国际化知识，进而利用这些国际化知识。此外，未来研究还可以长期追踪本书的研究变量，对国际企业的市场适应性进行长期追踪，探讨一些因素、变量的不断变动对企业适应性和绩效的影响，以便构造出准确、科学的研究模型。

第二，未来研究在条件许可的情况下，实证调研可收集纵向的时间序列数据，探讨影响客户行为的影响因素，需要随时间演进的作用机制。虽然本书探讨了处于不同国际化阶段的新兴国际化企业如何使用国际化知识，用以提高自身的市场学习能力和市场适应性，但本书并没有纵向的数据作为支撑，以便持续分析其中的影响机制。为了弥补样本选择等方面的研究不足，未来研究需要进一步提高研究结论的普适性，采用更为纵向的数据，实证检验相关的研究变量，构造出合适的模型，以便进一步完善本文的研究模型并提供更具说服力的证据。

第三，本书的整体研究设计主要采用了大样本实证检验和纵向多案例研究设计，质化研究有助于提高对关键概念的理解，量化研究具有检验变量关系的严谨性和普适性优势。鉴于混合方法结合两类研究的优势，在未来的研究中，可以利用这种研究方法对现有变量关系继续挖掘，如在现有研究的基础上，通过质性研究进一步展开关键维度之间的作用机理和相互关系，构建更细化和精练的关系模型，再通过进行大规模的样本收集进行量化研究，详细解释各维度或关键构念之间的相互关系，得出更具说服力的研究结论，构建更具一般性和普适性的关系模型。

附　录

调查问卷

尊敬的先生/女士：

您好！非常感谢您在百忙之中填写这份问卷。

本问卷是有关新兴国际化企业国际化经营状况的调查。旨在了解企业在进入国际市场或进行国际化经营过程中采取的措施，以及企业如何在国际市场上形成竞争优势，并提高企业绩效。由于您的意见对我们的研究有着重要价值，因此恳请您不吝笔墨，拨冗答复。

我们向您郑重声明：我们所获取的调研数据资料仅用于学术研究，任何涉及您身份或企业情况的资料均会绝对保密。再次感谢您的支持！

企业基本情况

1. 企业成立年份：________；开展国际化经营始于：________ 年

2. 企业员工总人数约为________人

3. 企业所有制性质：__________

A. 国有及控股　　B. 外资及合资　　C. 民营　　D. 其他

4. 企业近三年来，海外销售额占当总销售额的比重约为：________

A. <25%　　B. 25% ~30%　　C. 30% ~50%

D. 50% ~70%　　E. 70% 以上

5. 公司所属行业：__________________

A. 电气机械及器材制造业

B. 通信设备、计算机及其他电子设备制造业

C. 交通运输设备制造业　　D. 通用、专用设备制造业

E. 办公机械、仪表　　F. 家具制造业

G. 文教体育用品　　H. 纺织、服装

I. 石油、化学、化工　　J. 医药、生物制品

K. 金属、非金属制品　　L. 食品、饮料

M. 电信、计算机服务和软件业　　N. 金融

O. 交通运输、邮政和旅游　　P. 其他________

6. 如果贵公司有海外业务，请问贵公司的国际化活动有__________？（多选）

A. 间接出口（依托中介机构出口）

B. 直接出口（依托国外渠道销售）

C. 建立海外销售公司（依托国外渠道）

D. 建立海外销售公司（自己建立渠道）

E. 建立海外合资公司/工厂

F. 建立海外独资公司/工厂

G. 建立海外研发机构

H. 收购海外其他公司/工厂

7. 如果贵公司有海外业务，请问贵公司会收集的知识/信息有____？（多选）

A. 海外市场状况　　B. 市场竞争者信息

C. 渠道商信息　　D. 合作伙伴信息

E. 海外市场法律、法规　　F. 国际市场物流信息

G. 海外招聘及人员管理信息　　H. 如何建立国际企业组织知识

I. 如何管理国际企业组织知识　　J. 如何建立国际信息管理系统

提示：

☆ 您全部的回答都是立足您所在企业的视角，而非对所在行业整体情况的评价。

☆ 将您企业的情况与问项陈述进行对比，“5”表示程度极高或完全符合，“1”表示程度极低或完全不符合。

☆ 请在你的选项上打“√”或画圈。

序号	国际化知识	完全不同意—完全同意				
01	公司会收集海外目标市场的信息资料，以便选择合适的进入模式	1	2	3	4	5
02	公司会收集海外目标市场的信息资料，以便与海外客户建立合作	1	2	3	4	5
03	公司会收集海外目标市场的信息资料，以便了解市场的法律法规	1	2	3	4	5
04	公司会收集海外目标市场的信息资料，以便适应当地的文化环境	1	2	3	4	5
05	公司在海外市场中搜集知识信息，以便开发合适的商业模式	1	2	3	4	5
06	公司在海外市场中搜集知识信息，以便采用适应海外经营模式	1	2	3	4	5
07	公司在海外市场中搜集知识信息，以便建立海外市场供应链系统	1	2	3	4	5
08	公司在海外市场中搜集知识信息，以便搭建营销服务系统	1	2	3	4	5
09	公司收集国际企业的经营知识，以便采用新的管理结构	1	2	3	4	5
10	公司收集国际企业的经营知识，以便采用新的管理信息系统	1	2	3	4	5
11	公司收集国际企业的经营知识，以便采用新的信息分析系统	1	2	3	4	5
12	公司收集国际企业的经营知识，以便采用国际人力资源管理方法	1	2	3	4	5
序号	**知识整合能力**	完全不同意—完全同意				
01	在工作中，我们公司可以有效地消化、吸收外部知识/经验	1	2	3	4	5
02	在工作中，我们公司内部不同部门间能够相互学习	1	2	3	4	5
03	在工作中，我们公司内部能够有效地分享市场/技术信息	1	2	3	4	5
04	在工作中，我们公司内部不同部门间能够分享运营信息	1	2	3	4	5
05	在工作中，我们公司可以有效地分析外部的市场/技术信息	1	2	3	4	5
06	在工作中，我们公司可以有效地消化、吸收外部知识/经验	1	2	3	4	5
07	在工作中，我们团队/单位内的沟通是促进合作的	1	2	3	4	5
08	在工作中，我们团队/单位内的沟通是及时的、支持性的	1	2	3	4	5
09	我们企业有方法，从分子公司收集知识信息，并汇总到总部	1	2	3	4	5
10	我们企业有方法，可以将总公司收集的信息/知识，转移给分子公司	1	2	3	4	5

续表

序号	国际化知识	完全不同意— 完全同意				
11	我们企业有方法，可以将其他企业的技术、信息资源，转移到企业中	1	2	3	4	5
12	我们企业有方法，可以将自己总结的知识信息，传递给其他公司	1	2	3	4	5
序号	**市场学习能力**	完全不同意— 完全同意				
01	在市场中，我们掌握新市场/新技术方面的信息	1	2	3	4	5
02	在市场中，我们能够把握市场/技术的发展趋势	1	2	3	4	5
03	在市场中，我们拥有新市场/新技术信息的外部来源	1	2	3	4	5
04	在市场中，我们能够多方面收集市场/行业/技术方面的信息	1	2	3	4	5
05	在市场中，我们更加了解市场状况、技术发展和客户需求	1	2	3	4	5
序号	**市场适应性**	完全不同意— 完全同意				
01	相比竞争对手，我们的营销策略，更能适应当地市场	1	2	3	4	5
02	相比竞争对手，我们的产品/服务，更能满足客户的实际需求	1	2	3	4	5
03	相比竞争对手，我们的产品/服务，更符合客户的文化特征	1	2	3	4	5
04	相比竞争对手，我们的营销宣传，更能赢得客户的关注	1	2	3	4	5
05	当发现顾客不满意时，我们会立刻做出反应	1	2	3	4	5
06	当发现需要我们改进产品时，我们会全力以赴	1	2	3	4	5
07	我们以积极的态度对顾客需求做出反应	1	2	3	4	5
08	我们会及时进入新市场	1	2	3	4	5
09	相比主要的竞争对手，我们实现了更高的市场份额	1	2	3	4	5
10	相比主要的竞争对手，我们能够与客户保持更好的关系	1	2	3	4	5
11	相比主要的竞争对手，我们具有更高的顾客满意度	1	2	3	4	5
12	相比主要的竞争对手，我们的销售增长率更高	1	2	3	4	5
序号	**市场动荡性**	完全不同意— 完全同意				
01	我们很难预测市场需求的变化	1	2	3	4	5
02	我们很难预测顾客偏好的变化	1	2	3	4	5
03	新顾客对产品/服务的需求，与老顾客的需求明显不同	1	2	3	4	5
04	我们需要不断推出新产品/服务，才能迎合顾客的需求	1	2	3	4	5
05	很难预测未来的 2 ~ 3 年，我们所处的行业将会出现何种新技术	1	2	3	4	5

参考文献

[1]陈明,周健明. 企业文化、知识整合机制对企业间知识转移绩效的影响研究[J]. 科学研究,2009,27(4):580-587.

[2]邓勇兵. 中国企业国际化进程中的网络演进与构建机制研究[D]. 南开大学,2014.

[3]冯军政. 环境动荡性、动态能力对企业不连续创新的影响作用研究[D]. 浙江大学,2012.

[4]郭净. 国际化企业营销动态能力对竞争战略及绩效的影响研究[D]. 南开大学,2012.

[5]胡左浩. 国际营销的两个流派:标准化观点对适应性观点[J]. 南开管理评论,2002,11(5):29-35.

[6]李大元. 不确定环境下的企业持续优势[D]. 浙江大学,2008.

[7]李军,宋仁慧. 知识基础观与交易成本观企业理论范式整合研究[J]. 山东社会科学,2005,19(6):55-58.

[8]李巍. 国际营销动态能力的结构维度与关键驱动因素研究[D]. 南开大学,2012.

[9]李文. 企业网络对营销动态能力的影响机制研究[D]. 南开大学,2013.

[10]李贞,杨洪涛. 吸收能力、关系学习及知识整合对企业创新绩效的影响研究——来自科技型中小企业的实证研究[J]. 科研管理,2012,33(1):79-89.

[11]季成,朱晓明,任荣明. 基于知识整合价值链的企业并购知识整合

研究[J]. 研究与发展管理,2007,19(6):78-84.

[12]蒋天颖,张一青,王俊江. 战略领导行为、学习导向、知识整合和组织创新绩效[J]. 科研管理,2009,30(6):48-55.

[13]晋琳琳,李德煌. 科研团队学科背景特征对创新绩效的影响——以知识交流共享与知识整合为中介变量[J]. 科学学研究,2012,30(1):111-123+144.

[14]柯江林,孙健敏,石金涛,顾琴轩. 企业 R&D 团队之社会资本与团队效能关系的实证研究——以知识分享与知识整合为中介变量[J]. 管理世界,2007,22(3):89-101.

[15]潘文安. 关系强度、知识整合能力与供应链知识效率转移研究[J]. 科研管理,2012,33(1):147-153+160.

[16]秦剑,王迎军,梁旭晖,陆岚. 跨国公司在华溢出效应的驱动因素研究——知识基础观与嵌入理论的双重视角[J]. 科学学与科学技术管理,2010,29(10):138-143.

[17]任皓,邓三鸿. 知识管理的重要步骤——知识整合[J]. 情报科学,2002,22(6):650-653.

[18]王文昊,吴勇. 资源基础观视角下组织内部知识共享的有效性分析[J]. 科技管理研究,2013,33(7):155-158+171.

[19]宋泓,柴瑜,张泰. 市场开放、企业学习及适应能力和产业成长模式转型——中国汽车产业案例研究[J]. 管理世界,2004,19(8):61-74+156.

[20]唐晓华,苏梅梅. 产业过度竞争测度基准及聚类分析[J]. 中国工业经济,2003,17(6):29-35.

[21]王睿智. 营销能力、营销探索与开发战略对市场适应性的影响机制研究[D]. 南开大学,2015.

[22]王亚江,韩德昌. 知识基础观与营销能力理论的整合研究[J]. 经济纵横,2009,25(3):110-112.

[23]魏江,徐蕾. 知识网络双重嵌入、知识整合与集群企业创新能力

[J]. 管理科学学报,2014,17(2):34 – 47.

[24]武亚军."战略框架式思考""悖论整合"与企业竞争优势——任正非的认知模式分析及管理启示[J]. 管理世界,2013,28(4):150 – 163 + 166 – 167 + 164 – 165.

[25]谢洪明,王成,罗惠玲,李新春. 学习、知识整合与创新的关系研究[J]. 南开管理评论,2007,10(2):105 – 112.

[26]谢洪明,王成,王琪. 知识整合:内部社会资本和组织文化作用——华南地区企业的实证研究[J]. 科学管理研究,2006,24(4):65 – 69 + 77.

[27]谢洪明,吴隆增. 技术知识特性、知识整合能力和效果的关系——一个新的理论框架[J]. 科学管理研究,2006,24(2):55 – 59.

[28]谢洪明,吴隆增,王成. 组织学习、知识整合与核心能力的关系研究[J]. 科学学研究,2007,25(2):312 – 318.

[29]谢洪明,吴溯,王现彪. 知识整合能力、效果与技术创新[J]. 科学学与科学技术管理,2008,26(8):88 – 93.

[30]熊焰,李杰义. 网络结构、知识整合与知识型团队绩效关系研究[J]. 研究与发展管理,2011,23(6):8 – 16.

[31]许守任. 营销探索与开发及其双元性对企业绩效的影响机制[D]. 南开大学,2014.

[32]薛捷,张振刚. 技术及市场环境动荡中企业动态学习能力与创新绩效关系研究[J]. 科技进步与对策,2015,32(1):98 – 104.

[33]徐蕾. 知识网络双重嵌入对集群企业创新能力提升的机理研究[D]. 浙江大学,2012.

[34]詹勇飞,和金生. 基于知识整合的知识网络研究[J]. 研究与发展管理,2009,21(3):28 – 32 + 49.

[35]湛正群,李非. 企业的知识基础观:动态开放视角[J]. 情报杂志,2006,23(8):18 – 21.

[36]周健明,陈明,刘云枫. 知识惯性、知识整合与新产品开发绩效研

究[J]. 科学学研究,2014,32(10):1531 – 1538,1551.

[37]Abecassis – Moedas C., Ben Mahmoud – Jouini S., Dell'Era C., et al.. Key Resources and Internationalization Modes of Creative Knowledge - Intensive Business Services: The Case of Design Consultancies[J]. Creativity and Innovation Management, 2012, 21(3): 315 – 331.

[38]Åkerman N.. Knowledge – acquisition strategies and the effects on market knowledge – profiling the internationalizing firm[J]. European Management Journal, 2015, 33(2): 79 – 88.

[39]Akgün A. E., Keskin H., Ayar H. Standardization and Adaptation of International Marketing Mix Activities: A Case Study[J]. Procedia – Social and Behavioral Sciences, 2014, 150(6): 609 – 618.

[40]Almeida P., Song J., Grant R. M.. Are firms superior to alliances and markets? An empirical test of cross – border knowledge building[J]. Organization Science, 2002, 13(2): 147 – 161.

[41]Almor T., Hashai N., Hirsch S.. The product cycle revisited: Knowledge intensity and firm internationalization[J]. Management International Review, 2006, 46(5): 507 – 528.

[42]Amit R. Paul J. H.. Schoemaker. Strategic Assets and Organizational Rent[J]. Strategic Management Journal, 1993, 14 (1): 33 – 46.

[43]Anand V., Glick W. H., Manz C. C.. Thriving on the knowledge of outsiders: Tapping organizational social capital[J]. The Academy of Management Executive, 2002, 16(1): 87 – 101.

[44]Astley W. G., Van de Ven A. H.. Central perspectives and debates in organization theory[J]. Administrative science quarterly, 1983: 245 – 273.

[45]Autio E., Sapienza H. J., Almeida J. G.. Effects of age at entry, knowledge intensity, and imitability on international growth[J]. Academy of management journal, 2000, 43(5): 909 – 924.

[46]Awate S., Larsen M. M., Mudambi R.. Accessing vs sourcing

knowledge: A comparative study of R&D internationalization between emerging and advanced economy firms [J]. Journal of International Business Studies, 2015, 46(1): 63 -86.

[47] Barkema H., Bell J., Pennings J. M. E.. Foreign entry, cultural barriers and learning[J]. Strategic management journal, 1996: 151 -166.

[48] Barkema H. G., Vermeulen F.. International expansion through start - up or acquisition: A learning perspective[J]. Academy of Management journal, 1998, 41(1): 7 -26.

[49] Barney J.. Firm resources and sustained competitive advantage[J]. Journal of management, 1991, 17(1): 99 -120.

[50] Barney J., Wright M., Ketchen D. J.. The resource - based view of the firm: Ten years after 1991 [J]. Journal of management, 2001, 27 (6): 625 -641.

[51] Basaglia S., Caporarello L., Magni M., et al.. IT knowledge integration capability and team performance: The role of team climate[J]. International Journal of Information Management, 2010, 30(6): 542 -551.

[52] Basly S. The internationalization of family SME: An organizational learning and knowledge development perspective[J]. Baltic Journal of Management, 2007, 2(2): 154 -180.

[53] Bell J., McNaughton R., Young S., et al.. Towards an integrative model of small firm internationalisation [J]. Journal of International Entrepreneurship, 2003, 1(4): 339 -362.

[54] Blomstermo A., Eriksson K., Lindstrand A., et al.. The perceived usefulness of network experiential knowledge in the internationalizing firm [J]. Journal of International Management, 2004, 10(3): 355 -373.

[55] Blomstermo A., Eriksson K., Sharma D. D.. Domestic activity and knowledge development in the internationalization process of firms[J]. Journal of International Entrepreneurship, 2004, 2(3): 239 -258.

[56] Buckley P. J., Horn S. A.. Japanese multinational enterprises in China: Successful adaptation of marketing strategies[J]. Long Range Planning, 2009, 42(4): 495 -517.

[57] Burt R. S.. The contingent value of social capital[J]. Administrative science quarterly, 1997: 339 -365.

[58] Casillas J. C., Moreno A. M., Acedo F. J., et al.. An integrative model of the role of knowledge in the internationalization process[J]. Journal of World Business, 2009, 44(3): 311 -322.

[59] Cavusgil S. T.. Knowledge development in international marketing[J]. Journal of International Marketing, 1998: 103 -112.

[60] Casillas J. C., Moreno A. M., Acedo F. J., et al.. An integrative model of the role of knowledge in the internationalization process[J]. Journal of World Business, 2009, 44(3): 311 -322.

[61] Chetty S., Eriksson K., Lindbergh J.. The effect of specificity of experience on a firm's perceived importance of institutional knowledge in an ongoing business[J]. Journal of international business studies, 2006, 37(5): 699 -712.

[62] Collis D. J.. Research note: How valuable are organizational capabilities[J]. Strategic Management Journal, 1994, 15(8): 143 -152.

[63] Corredoira R. A., McDermott G. A.. Adaptation, bridging and firm upgrading: How non -market institutions and MNCs facilitate knowledge recombination in emerging markets[J]. Journal of International Business Studies, 2014, 45(6): 699 -722.

[64] Coviello N. E.. The network dynamics of international new ventures [J]. Journal of International Business Studies, 2006, 37(5): 713 -731.

[65] Coviello N. E., Munro H. J.. Growing the entrepreneurial firm: networking for international market development[J]. European Journal of Marketing, 1995, 29(7): 49 -61.

[66] Cruz -González J., López -Sáez P., Navas -López J. E.. Absorb-

ing knowledge from supply – chain, industry and science: The distinct moderating role of formal liaison devices on new product development and novelty[J]. Industrial Marketing Management, 2015, 47(1): 75 – 85.

[67] Cui A. S., Griffith D. A., Cavusgil S. T.. The influence of competitive intensity and market dynamism on knowledge management capabilities of multinational corporation subsidiaries [J]. Journal of International Marketing, 2005, 13(3): 32 – 53.

[68] Delios A., Beamish P. W.. Ownership strategy of Japanese firms: Transactional, institutional and experience influences[J]. Strategic Management Journal, 20(6): 915 – 933.

[69] Dierickx I., Cool K.. Asset stock accumulation and sustainability of competitive advantage[J]. Management science, 1989, 35(12): 1504 – 1511.

[70] DiMaggio P. J., Walter W. P.. The new institutionalism in organizational analysis[M]. University of Chicago Press, 2012.

[71] Dyer J. H., Singh H.. The Relational View: Cooperative Strategy and Sources of[J]. Academy of Management Review, 1998, 23 (4): 660 – 679.

[72] Eisenhardt K. M.. Building theories from case study research[J]. Academy of management review, 1989, 14(4): 532 – 550.

[73] Eisenhardt K. M., Graebner M. E.. Theory building from cases: opportunities and challenges[J]. Academy of Management Journal, 2007, 50(1): 25 – 32.

[74] Eriksson K., Johanson J., Majkgard A., et al.. Experiential knowledge and cost in the internationalization process[J]. Journal of International Business Studies, 1997: 337 – 360.

[75] Eriksson K., Majkgård A., Sharma D. D.. Path dependence and knowledge development in the internationalization process [J]. MIR: Management International Review, 2000: 307 – 328.

[76] Fernhaber S. A., McDougall – Covin P. P.. Venture capitalists as

catalysts to new venture internationalization: the impact of their knowledge and reputation resources[J]. Entrepreneurship Theory and Practice, 2009, 33(1): 277-295.

[77]Fernhaber S. A., McDougall-Covin P. P., Shepherd D. A.. International entrepreneurship: leveraging internal and external knowledge sources [J]. Strategic Entrepreneurship Journal, 2009, 3(4): 297-320.

[78]Fletcher M.. Learning processes in the development of absorptive capacity of internationalising SMEs[M]. Cheltenham, UK: Edward Elgar Publishing, 2009.

[79]Fletcher M., Harris S.. Knowledge acquisition for the internationalization of the smaller firm: Content and sources[J]. International Business Review, 2012, 21(4): 631-647.

[80]Fletcher M., Harris S., Richey Jr R. G.. Internationalization knowledge: What, why, where, and when? [J]. Journal of International Marketing, 2013, 21(3): 47-71.

[81]Fletcher M., Plakoyiannaki M.. Case study selection: Key issues and challenges for international business researchers[M]. Rebecca Pierkkari and Catherine Welch, eds. Cheltenham, UK: Edward Elgar Publishing, 171-191.

[82]Fletcher M., Prashantham S.. Knowledge assimilation processes of rapidly internationalising firms: longitudinal case studies of Scottish SMEs[J]. Journal of Small Business and Enterprise Development, 2011, 18(3): 475-501.

[83]Forsgren M.. The concept of learning in the Uppsala internationalization process model: a critical review[J]. International Business Review, 2002, 11(3): 257-277.

[84]Francioni B., Musso F., Vardiabasis D.. Key decisions and changes in internationalization strategies: The case of smaller firms[J]. Journal of Strategic Marketing, 2013, 21(3): 240-259.

[85]Gebauer H., Worch H., Truffer B.. Absorptive capacity, learning

processes and combinative capabilities as determinants of strategic innovation [J]. European Management Journal, 2012, 30(1): 57 – 73.

[86] Glaser B., Strauss A.. The discovery grounded theory: strategies for qualitative inquiry[M]. Aldin, Chicago, 1967.

[87] Grant R. M.. Prospering in dynamically – competitive environments: Organizational capability as knowledge integration [J]. Organization science, 1996, 7(4): 375 – 387.

[88] Gray B. J., McNaughton R.. Knowledge, values and internationalisation—introduction to the special edition[J]. Journal of International Entrepreneurship, 2010, 8(2): 115 – 120.

[89] Griffith D. A., Zeybek A. Y., O'Brien M.. Knowledge transfer as a means for relationship development: A Kazakhstan – foreign international joint venture illustration[J]. Journal of International Marketing, 2001, 9(2): 1 – 18.

[90] Haas M. R., Cummings J. N.. Barriers to knowledge seeking within MNC teams: Which differences matter most [quest][J]. Journal of International Business Studies, 2014, 46(1): 36 – 62.

[91] Hadley R. D., Wilson H. I. M.. The network model of internationalisation and experiential knowledge[J]. International Business Review, 2003, 12(6): 697 – 717.

[92] Harris S.. Reconciling positive and interpretative international management research: A native category approach[J]. International Business Review, 2000, 9(6): 755 – 770.

[93] Hilmersson M., Jansson H.. Reducing uncertainty in the emerging market entry process: on the relationship among international experiential knowledge, institutional distance, and uncertainty[J]. Journal of International Marketing, 2012, 20(4): 96 – 110.

[94] Hitt M. A., Bierman L., Uhlenbruck K., et al.. The importance of resources in the internationalization of professional service firms: The good, the

bad, and the ugly[J]. Academy of Management Journal, 2006, 49(6): 1137 - 1157.

[95]Hutchinson K., Alexander N., Quinn B., et al.. Internationalization motives and facilitating factors: qualitative evidence from smaller specialist retailers[J]. Journal of International Marketing, 2007, 15(3): 96 - 122.

[96]Javalgi R. R. G., Grossman D. A.. Firm Resources and Host - Country Factors Impacting Internationalization of Knowledge - Intensive Service Firms[J]. Thunderbird International Business Review, 2014, 56(3): 285 - 300.

[97]Javernick - Will A. N.. Organizational learning during internationalization: acquiring local institutional knowledge[J]. Construction Management and Economics, 2009, 27(8): 783 - 797.

[98]Johanson, J., Mattsson L.. Internationalisation in Industrial Systems: A Network Approach, in Strategies in Global Competition: Selected Papers from the Prince Bertil Symposium at the Institute of International Business, Stockholm School of Economics[M]. Neil Hood and Jan - Erik Vahlne, eds. London: Croon Holm, 1998: 287 - 314.

[99]Johanson J., Vahlne J. E.. The internationalization process of the firm - a model of knowledge development and increasing foreign market commitments[J]. Journal of International Business Studies, 1977: 23 - 32.

[100]Johanson J., Vahlne J. E.. The mechanism of internationalisation [J]. International Marketing Review, 1990, 7(4): 11 - 24.

[101]Johanson J., Vahlne J. E.. The Uppsala internationalization process model revisited: From liability of foreignness to liability of outsidership[J]. Journal of International Business Studies, 2009, 40(9): 1411 - 1431.

[102]Johanson J., Wiedersheim P. F.. The internationalization of the firm - four Swedish cases 1[J]. Journal of management studies, 1975, 12(3): 305 - 323.

[103]Jones M. V., Coviello N. E.. Internationalisation: conceptualising

an entrepreneurial process of behaviour in time[J]. Journal of International Business Studies, 2005, 36(3): 284 -303.

[104] Kahiya E. T.. Export barriers and path to internationalization: A comparison of conventional enterprises and international new ventures[J]. Journal of International Entrepreneurship, 2013, 11(1): 3 -29.

[105] Karlsen T., Silseth P. R., Benito G. R. G., et al.. Knowledge, internationalization of the firm, and inward -outward connections[J]. Industrial Marketing Management, 2003, 32(5): 385 -396.

[106] Kaufmann L., Denk N.. How to demonstrate rigor when presenting grounded theory research in the supply chain management literature[J]. Journal of Supply Chain Management, 2011, 47(4): 64 -72.

[107] Kazanjian R. K.. Relation of dominant problems to stages of growth in technology -based new ventures[J]. Academy of Management Journal, 1988, 31(2): 257 -279.

[108] Kenny B., Fahy J.. Network resources and international performance of high tech SMEs[J]. Journal of Small Business and Enterprise Development, 2011, 18(3): 529 -555.

[109] Knight G. A., Liesch P. W.. Information internalisation in internationalising the firm[J]. Journal of Business Research, 2002, 55(12): 981 -995.

[110] Kogut B., Zander U.. Knowledge of the firm, combinative capabilities, and the replication of technology[J]. Organization Science, 1992, 3(3): 383 -397.

[111] Kogut B., Zander U.. What firms do? Coordination, identity, and learning[J]. Organization Science, 1996, 7(5): 502 -518.

[112] Lee R. P., Chen Q., Kim D., et al.. Knowledge transfer between multinational corporations′headquarters and their subsidiaries: influences on and implications for new product outcomes[J]. Journal of International Marketing, 2008, 16(2): 1 -31.

[113] Leonard - Barton D.. A dual methodology for case studies: Synergistic use of a longitudinal single site with replicated multiple sites[J]. Organization Science, 1990, 1(3): 248 - 266.

[114] Li L, Li D., Dalgic T.. Internationalization process of small and medium - sized enterprises: Toward a hybrid model of experiential learning and planning[J]. Management International Review, 2004, 44(1): 93 - 116.

[115] Lincoln Y. S., Egon G. G.. Naturalistic Inquiry[M]. Newbury Park, GA: Sage Publications, 1985.

[116] Liu Y., Ravichandran T.. Alliance Experience, IT - Enabled Knowledge Integration, and Ex Ante Value Gains[J]. Organization Science, 2015, 26(2): 511 - 530.

[117] Madhok A.. Know - how -, experience - and competition - related considerations in foreign market entry: An exploratory investigation[J]. International Business Review, 1996, 5(4): 339 - 366.

[118] Madsen T. K., Servais P.. The internationalization of born globals: an evolutionary process? [J]. International Business Review, 1997, 6(6): 561 - 583.

[119] Magnusson P., Westjohn S. A., Semenov A. V., et al.. The role of cultural intelligence in marketing adaptation and export performance[J]. Journal of Marketing Research, 2013, 21(4): 44 - 61.

[120] Mejri K., Umemoto K.. Small - and medium - sized enterprise internationalization: Towards the knowledge - based model[J]. Journal of International Entrepreneurship, 2010, 8(2): 156 - 167.

[121] Michailova S., Wilson H. I. M.. Small firm internationalization through experiential learning: The moderating role of socialization tactics[J]. Journal of World Business, 2008, 43(2): 243 - 254.

[122] Miles, M. B., Huberman A. M.. Qualitative Data Analysis[M]. Thousand Oaks, GA: Sage Publications.

[123]Nguyen T. D., Barrett N. J.. The knowledge – creating role of the internet in international business: evidence from Vietnam[J]. Journal of International Marketing, 2006, 14(2): 116 – 147.

[124]Nordstrom K. A., Vahlne J. E.. Is the Global World Shrinking? Psychic Distance and the Establishment of Swedish Sales Subsidiaries During the Last 100 Years[C]. International Trade and Finance Association's Annual Gonference, Laredo, Texas 1992, April: 22 – 25.

[125]Oesterle M. J.. Time – span until internationalization: Foreign market entry as a built – in – mechanism of innovations[J]. Management International Review, 1997, 37(2): 125 – 149.

[126]Ojala A.. Internationalization of knowledge – intensive SMEs: The role of network relationships in the entry to a psychically distant market[J]. International Business Review, 2009, 18(1): 50 – 59.

[127]Padmanabhan P., Cho K. R.. Decision specific experience in foreign ownership and establishment strategies: Evidence from Japanese firms[J]. Journal of International Business Studies, 1999: 25 – 43.

[128]Peteraf M. A.. The cornerstones of competitive advantage: a resource - based view[J]. Strategic management journal, 1993, 14(3): 179 – 191.

[129]Pettigrew A. M.. Longitudinal field research on change: Theory and practice[J]. Organization Science, 1990, 1(3): 267 – 292.

[130]Pettigrew A. M.. The character and significance of strategy process research[J]. Strategic Management Journal, 1992, 13(S2): 5 – 16.

[131]Piekkari R., Welch C., Paavilainen E.. The case study as disciplinary convention: Evidence from international business journals[J]. Organizational Research Methods, 2008.

[132]Pitt L., Berthon P., Robson M.. The internationalization of management knowledge dissemination: A dialectic[J]. Journal of World Business, 1998, 32(4): 369 – 385.

[133]Pla – Barber J., Alegre J.. The role of knowledge and learning in internationalization[J]. International Business Review, 2014, 1(23): 1 – 3.

[134]Powers T. L., Loyka J. J.. Adaptation of marketing mix elements in international markets[J]. Journal of Global Marketing, 2010, 23(1): 65 – 79.

[135]Prahalad C. K., Hamel G.. The core competence of the corporation [M]. Springer Berlin Heidelberg, 2006.

[136]Prashantham S., Young S.. Post – Entry Speed of International New Ventures[J]. Entrepreneurship Theory and Practice, 2011, 35(2): 275 – 292.

[137]Prashantham S.. Toward a knowledge – based conceptualization of internationalization[J]. Journal of International Entrepreneurship, 2005, 3(1): 37 – 52.

[138]Reid S.. Firm internationalization, transaction costs and strategic choice[J]. International Marketing Review, 1983, 1(2): 44 – 56.

[139]Rodríguez A., Nieto M. J.. The internationalization of knowledge – intensive business services: the effect of collaboration and the mediating role of innovation[J]. The Service Industries Journal, 2012, 32(7): 1057 – 1075.

[140]Roth M. S., Jayachandran S., Dakhli M., et al.. Subsidiary use of foreign marketing knowledge[J]. Journal of International Marketing, 2009, 17(1): 1 – 29.

[141]Salunke S., Weerawardena J., McColl – Kennedy J. R.. Competing through service innovation: The role of bricolage and entrepreneurship in project – oriented firms[J]. Journal of Business Research, 2013, 66(8): 1085 – 1097.

[142]Sandberg S.. Experiential knowledge antecedents of the SME network node configuration in emerging market business networks[J]. International Business Review, 2014, 23(1): 20 – 29.

[143]Sapienza H. J., Autio E., George G., et al.. A capabilities perspective on the effects of early internationalization on firm survival and growth [J]. Academy of Management Review, 2006, 31(4): 914 – 933.

[144] Sartor M. A., Beamish P. W.. Offshoring innovation to emerging markets: Organizational control and informal institutional distance[J]. Journal of International Business Studies, 2014, 45(9): 1072 – 1095.

[145] Scott – Kennel J., von Batenburg Z.. The role of knowledge and learning in the internationalisation of professional service firms[J]. The Service Industries Journal, 2012, 32(10): 1667 – 1690.

[146] Sigfusson T., Harris S.. Domestic market context and international entrepreneurs' relationship portfolios[J]. International Business Review, 2013, 22(1): 243 – 258.

[147] Sinkovics R. R., Ghauri P. N.. Enhancing the trustworthiness of qualitative research in international business[J]. Management International Review, 2008, 48(6): 689 – 714.

[148] Slangen A. H. L., Dikova D.. Planned Marketing Adaptation and Multinationals´Choices Between Acquisitions and Greenfields[J]. Journal of International Marketing, 2014, 22(2): 68 – 88.

[149] ? liwiński R.. Internationalization strategies of Polish fast growing enterprises[J]. Poznań University of Economics Review, 2012, 12(1): 17 – 39.

[150] Solberg C. A.. Standardization or adaptation of the international marketing mix: the role of the local subsidiary/representative[J]. Journal of International Marketing, 2000, 8(1): 78 – 98.

[151] Strauss A., Corbin J.. Grounded theory methodology[M]. An overview in Denzin's & Y. Lincoln. Handbook of Qualitative Research. 1994, GA: Sage Publications, 273 – 285.

[152] Sui S., Baum M.. Internationalization strategy, firm resources and the survival of SMEs in the export market[J]. Journal of International Business Studies, 2014, 45(7): 821 – 841.

[153] Suddaby R.. From the editors: What grounded theory is not[J]. Academy of Management Journal, 2006, 49(4): 633 – 642.

[154]Teece D. J., Pisano G., Shuen A.. Dynamic capabilities and strategic management[J]. Strategic Management Journal, 1997, 18(7): 509-533.

[155]Tokman M., Richey R. G., Marino L. D., et al.. Exploration, exploitation and satisfaction in supply chain portfolio strategy[J]. Journal of Business Logistics, 2007, 28(1): 25-56.

[156]Tortoriello M., McEvily B., Krackhardt D.. Being a Catalyst of Innovation: The Role of Knowledge Diversity and Network Closure[J]. Organization Science, 2015, 26(2): 423-438.

[157]Tsang E. W. K., Nguyen D. T., Erramilli M. K.. Knowledge acquisition and performance of international joint ventures in the transition economy of Vietnam[J]. Journal of International Marketing, 2004, 12(2): 82-103.

[158]Tzokas N., Kim Y. A., Akbar H., et al.. Absorptive capacity and performance: The role of customer relationship and technological capabilities in high-tech SMEs[J]. Industrial Marketing Management, 2015, 47(1): 134-142.

[159]Uzzi B.. Social structure and competition in inter-firm networks: The paradox of embeddedness[J]. Administrative Science Quarterly, 1997: 35-67.

[160]Valdaliso J., Elola A., Aranguren M., et al.. Social capital, internationalization and absorptive capacity: The electronics and ICT cluster of the Basque Country[J]. Entrepreneurship & Regional Development, 2011, 23(9-10): 707-733.

[161]Van de Ven A. H.. Suggestions for studying strategy process: a research note[J]. Strategic Management Journal, 1992, 13(5): 169-188.

[162]Van de Ven A. H., Engleman R. M.. Event-and outcome-driven explanations of entrepreneurship[J]. Journal of Business Venturing, 2004, 19(3): 343-358.

[163]Virvilaite R., Seinauskiene B., Sestokiene G.. The Link between Standardization/Adaptation of International Marketing Strategy and Company Per-

formance[J]. Engineering Economics, 2011, 22(1): 106 - 117.

[164]Vrontis D.. Integrating adaptation and standardisation in international marketing: the AdaptStand modelling process[J]. Journal of Marketing Management, 2003, 19(3/4): 283 - 305.

[165]Welch C., Piekkari R., Plakoyiannaki E., et al.. Theorising from case studies: Towards a pluralist future for international business research[J]. Journal of International Business Studies, 2011, 42(5): 740 - 762.

[166]Welch L. S., Luostarinen R.. Internationalization: evolution of a concept[J]. Journal of General Management, 1988, 14(20): 83 - 98.

[167]Wernerfelt B.. A resource - based view of the firm[J]. Strategic Management Journal, 1984, 5(2): 171 - 180.

[168]Wilklund J., Shepherd D.. Knowledge - based resources, entrepreneurial orientation, and the performance of small and medium - sized business [J]. Strategic Management Journal, 2003, 24(13): 1307 - 1314.

[169]Winter S. G.. Understanding dynamic capabilities[J]. Strategic Management Journal, 2003, 24(10): 991 - 995.

[170]Yang Z., Su C., Fam K. S.. Dealing with institutional distances in international marketing channels: Governance strategies that engender legitimacy and efficiency[J]. Journal of Marketing, 2012, 76(3): 41 - 55.

[171]Yin R. K.. Case study research: Design and methods[M]. Sage publications, 2013.

[172]Zahra S. A.. A theory of international new ventures: a decade of research[J]. Journal of International Business Studies, 2005, 36(1): 20 - 28.

[173]Zahra S. A., Ireland R. D., Hitt M. A.. International expansion by new venture firms: International diversity, mode of market entry, technological learning, and performance[J]. Academy of Management Journal, 2000, 43(5): 925 - 950.

[174]Zahra S. A., Neubaum D. O., Naldi L.. The effects of ownership

and governance on SMEs' international knowledge - based resources[J]. Small Business Economics, 2007, 29(3): 309 - 327.

[175]Zeriti A., Robson M. J., Spyropoulou S., et al.. Sustainable export marketing strategy fit and performance[J]. Journal of International Marketing, 2014, 22(4): 44 - 66.

[176]Zhao M., Park S. H., Zhou N.. MNC strategy and social adaptation in emerging markets[J]. Journal of International Business Studies, 2014, 45(7): 842 - 861.